Impressum
Verlag: BABADADA GmbH, Nedderfeld 112 , 22529 Hamburg
Geschäftsführer / Verlagsleitung: Harald Hof
Druck: Books on Demand GmbH, In de Tarpen 42, 22848 Norderstedt

Imprint
Publisher: BABADADA GmbH, Nedderfeld 112 , 22529 Hamburg, Germany
Managing Director / Publishing direction: Harald Hof
Print: Books on Demand GmbH, In de Tarpen 42, 22848 Norderstedt

# Szkoła
## shule

Sala lekcyjna
sajili

dzielić
kugawanya

186/2

Tablica
ubao

Dziedziniec szkolny
eneo la shule

Nauczyciel
mwalimu

Papier
karatasi

pisać
kuandika

Pisak
kalamu

Biurko
dawati

Liniał
rula

Książka
kitabu

Uczeń
mwanafunzi

Plecak szkolny

mkoba

Piórnik

kikasha cha penseli

Ołówek

penseli

Temperówka

kichonga penseli

Gumka do mazania

mpira

Blok rysunkowy

pedi ya kuchora

**Rysunek**

uchoraji

**Pędzel**

brashi ya rangi

**Pudełko z akwarelami**

sanduku la rangi

**Nożyce**

mkasi

**Klej**

gundi

**Książka do ćwiczenia**

daftari

**Zadanie domowe**

kazi ya nyumbani

**Liczba**

nambari

**dodawać**

jumlisha

**odejmować**

ondoa

**mnożyć**

zidisha

**liczyć**

kokotoa

**Litera**

barua

**Alfabet**

alfabeti

**Słowo**

neno

Tekst

maandishi

czytać

kusoma

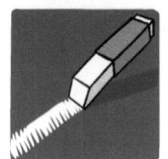

Kreda

chaki

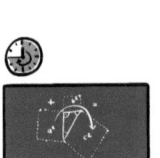

Godzina

somo

Dziennik lekcyjny

sajili

Egzamin

uchunguzi

Świadectwo

cheti

Mundurek szkolny

sare za shule

Wykształcenie

elimu

Leksykon

elezo

Uniwersytet

chuo kikuu

Mikroskop

darubini

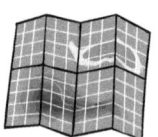

Mapa

ramani

Kosz na odpadki

kikapu cha kuweka karatasi chafu

# Podróż
# usafiri

Hotel
hoteli
Grand
Schronisko
hosteli
ROOMS
Kantor wymiany walut
ofisi ya ubadilishanaji
Walizka
sanduku
Auto
gari

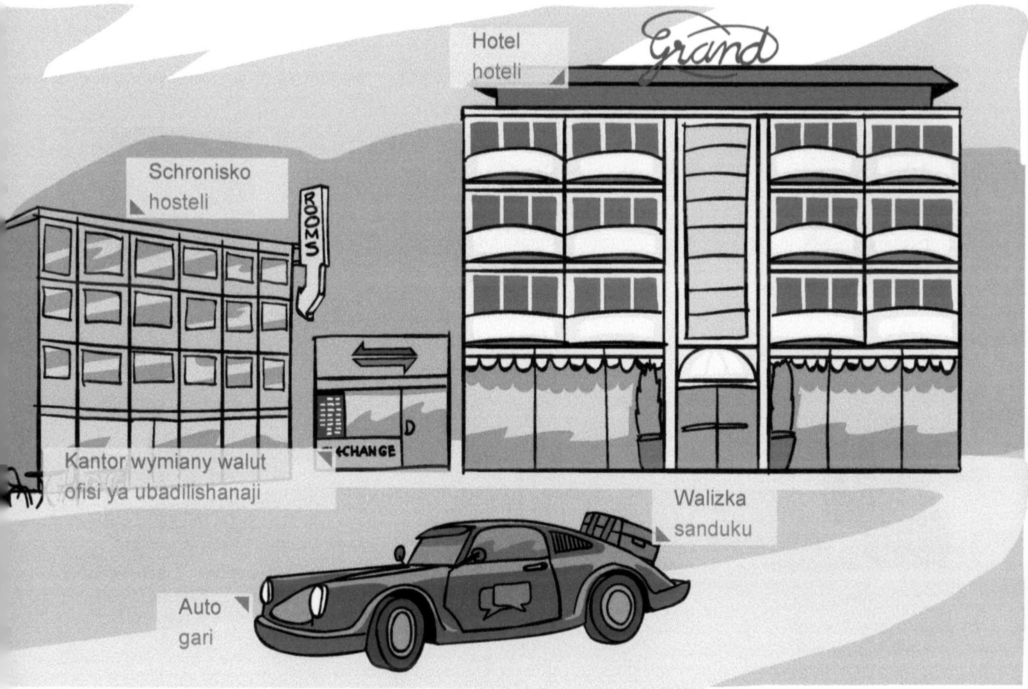

Język
lugha

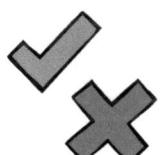

tak / nie
ndiyo / la

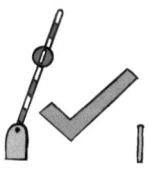

OK
sawa

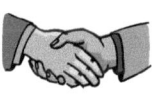

Halo
hujambo

Tłumacz
mtafsiri

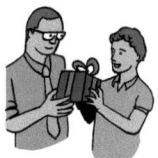

Dziękuję
Asante

Ile kosztuje ...?

kiasi gani ni ...?

Nie rozumiem

Sielewi

Problem

tatizo

Dobry wieczór!

Jioni njema!

Dzień dobry!

Habari za asubuhi!

Dobranoc!

Usiku mwema!

Do widzenia

kwa heri

Kierunek

mwelekeo

Bagaż

mizigo

Torba

mfuko

Plecak

shanta

Gość

mgeni

Pokój

chumba

Śpiwór

begi la kulalia

Namiot

hema

Informacja turystyczna

taarifa ya utalii

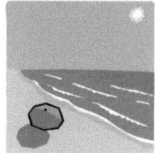

Plaża

ufuo

Karta kredytowa

kadi

Śniadanie

kifunguakinywa

Obiad

chakula cha mchana

Kolacja

chakula cha jioni

Bilet

tiketi

Winda

kuinua

Znaczek na list

muhuri

Granica

mpaka

Cło

mila

Ambasada

ubalozi

Wiza

visa

Paszport

pasipoti

# Transport

# usafiri

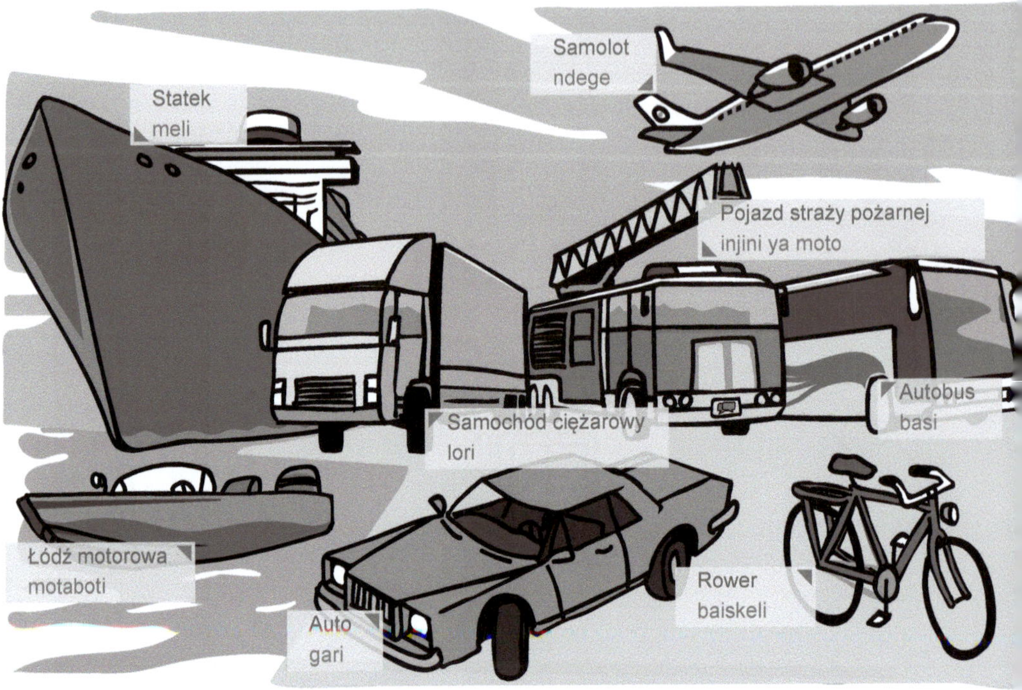
Samolot
ndege
Statek
meli
Pojazd straży pożarnej
injini ya moto
Autobus
basi
Samochód ciężarowy
lori
Łódź motorowa
motaboti
Rower
baiskeli
Auto
gari

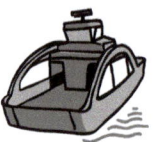

Prom

feri

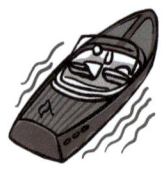

Łódź

mashua

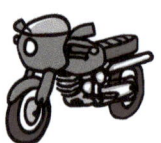

Motocykl

pikipiki

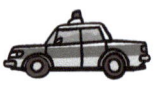

Radiowóz policyjny

gari la polisi

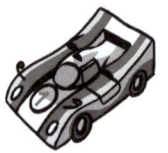

Samochód wyścigowy

gari la mashindano

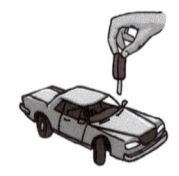

Samochód wypożyczony

gari la kukodisha

Wspólne przejazdy
samochodem
...................
kushiriki gari

Samochód pomocy
drogowej
lori la kuvuta

Śmieciarka
...................
ukusanyaji taka

Silnik
...................
motor

Benzyna
...................
mafuta

Stacja benzynowa
...................
kituo cha mafuta

Znak drogowy
...................
ishara trafiki

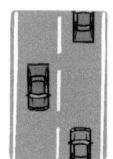

Ruch
...................
trafiki

Korek
...................
msongamano

Parking
...................
maegesho

Dworzec
...................
kituo cha treni

Szyny
...................
reli

Pociąg
...................
garimoshi

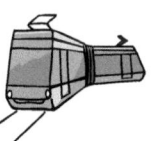

Tramwaj
...................
tremu

Wagon
...................
gari la mizigo

**Helikopter**

helikopta

**Lotnisko**

uwanja wa ndege

**Wieża**

mnara

**Pasażer**

abiria

**Kontener**

chombo

**Karton**

katoni

**Taczka**

mkokoteni

**Kosz**

kikapu

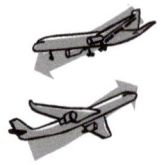

**startować / lądować**

ondoka

# Miasto

## jiji

**Wieś**

kijiji

**Centrum miasta**

katikati ya jiji

**Dom**

nyumba

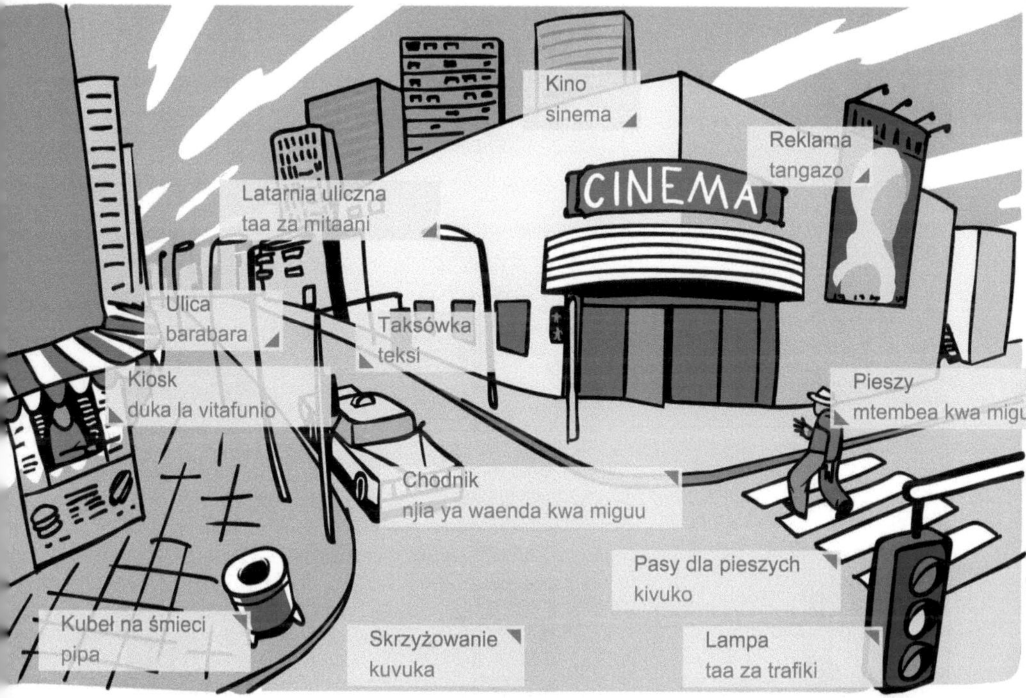

Kino
sinema

Reklama
tangazo

Latarnia uliczna
taa za mitaani

CINEMA

Ulica
barabara

Taksówka
teksi

Kiosk
duka la vitafunio

Pieszy
mtembea kwa migu

Chodnik
njia ya waenda kwa miguu

Pasy dla pieszych
kivuko

Kubeł na śmieci
pipa

Skrzyżowanie
kuvuka

Lampa
taa za trafiki

Chata

kibanda

Mieszkanie

gorofa

Dworzec

kituo cha treni

Ratusz

ukumbi wa mji

Muzeum

Makavazi

Szkoła

shule

**Uniwersytet**

chuo kikuu

**Bank**

benki

**Szpital**

hospitali

**Hotel**

hoteli

**Apteka**

duka la dawa

**Biuro**

ofisi

**Księgarnia**

duka la kitabu

**Sklep**

duka

**Kwiaciarnia**

duka la maua

**Supermarket**

dukakuu

**Rynek**

soko

**Dom towarowy**

idara ya kuhifadhi

**Sklep z rybami**

mwuza samaki

**Centrum handlowe**

kituo cha ununuzi

**Port**

bandari

**Park**

Hifadhi

**Ławka**

benki

**Most**

daraja

**Schody**

vidato

**Metro**

chini ya ardhi

**Tunel**

handaki

**Przystanek autobusowy**

kituo cha mabasi

**Bar**

bar

**Restauracja**

mgahawa

**Skrzynka na listy**

sanduku la posta

**Tabliczka z nazwą ulicy**

ishara ya barabara

**Parkometr**

mita ya maegesho

**Zoo**

bustani ya wanyama

**Łaźnia**

kidimbwi cha kuogelea

**Meczet**

msikiti

Gospodarstwo chłopskie

shamba

Zanieczyszczenie
środowiska

uchafuzi

Cmentarz

makaburini

Kościół

kanisa

Plac zabaw

uwanja wa michezo

Świątynia

hekalu

# Krajobraz
## mazingira

Liść
jani

Drogowskaz
ishara ya mwelekeo

Droga
njia

Łąka
malisho

Kamień
jiwe

Drzewo
mti

Wędrowiec
mtembeaji wa masafa

Rzeka
mto

Trawa
nyasi

Kwiat
ua

**Dolina**
bonde

**Góra**
kilima

**Jezioro**
ziwa

**Las**
msitu

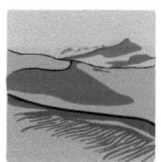

**Pustynia**
jangwa

**Wulkan**
volkano

**Zamek**
ngome

**Tęcza**
upinde wa mvua

**Grzyb**
uyoga

**Palma**
mtende

**Komar**
mbu

**Mucha**
kuruka

**Mrówka**
chungu

**Pszczoła**
nyuki

**Pająk**
buibui

**Chrząszcz**

mende

**Żaba**

chura

**Wiewiórka**

kuchakuro

**Jeż**

nungunungu

**Zając**

sungura

**Sowa**

bundi

**Ptak**

ndege

**Łabędź**

swan

**Dzik**

nguruwe mwitu

**Jeleń**

kulungu

**Łoś**

aina ya kongoni

**Tama**

bwawa

**Wiatrak**

tabo ya upepo

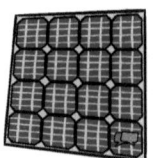

**Moduł solarny**

nishaji ya jua

**Klimat**

hali ya hewa

# Restauracja
# mgahawa

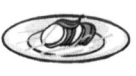

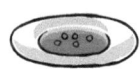

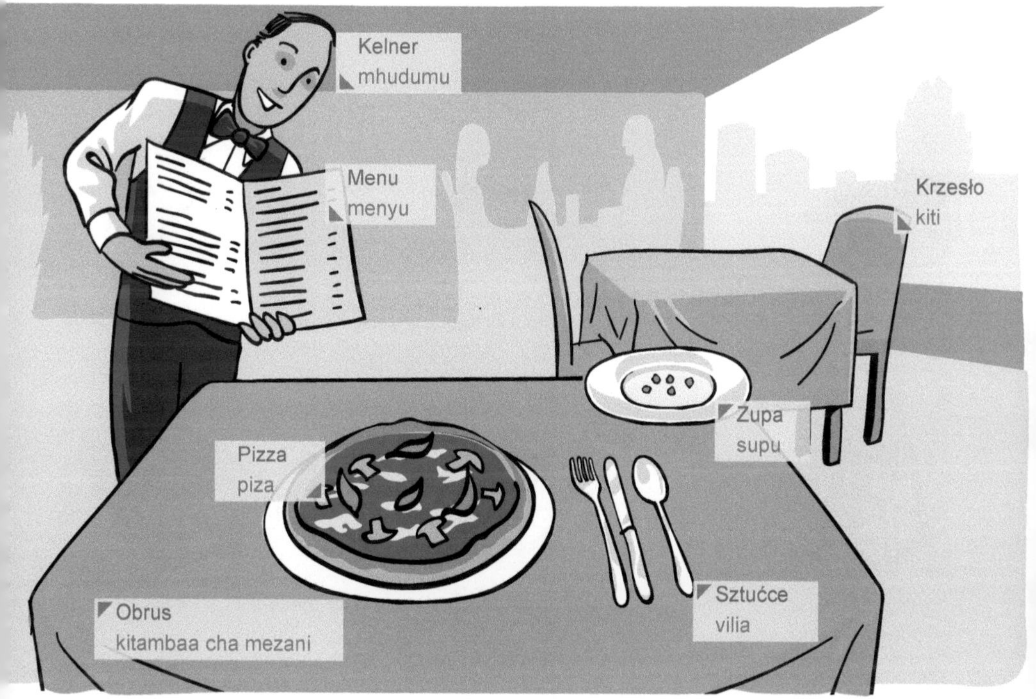
Kelner
mhudumu
Menu
menyu
Krzesło
kiti
Zupa
supu
Pizza
piza
Sztućce
vilia
Obrus
kitambaa cha mezani

Przystawka

kiamsha hamu

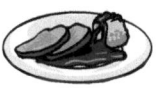

Danie główne

kozi kuu

Deser

kitindamlo

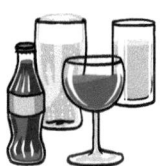

Napoje

vinywaji

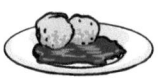

Jedzenie

chakula

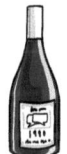

Butelka

chupa

**Fastfood**

chakula cha haraka

**Streetfood**

Streetfood

**Dzbanek na herbatę**

buli

**Cukierniczka**

kisanduku cha sukari

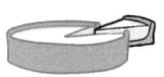

**Porcja**

sehemu

**Zaparzarka do espresso**

mashine ya espresso

**Krzesło dla dziecka**

kiti kirefu

**Rachunek**

muswada

**Taca**

trei

**Noż**

kisu

**Widelec**

uma

**Łyżka**

kijiko

**Łyżeczka**

kijiko cha chai

**Serwetka**

nepi

**Szklanka**

glasi

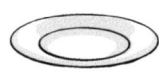

Talerz

sahani

Talerz do zupy

sahani ya supu

Podstawek pod filiżankę

sufuria

Sos

mchuzi

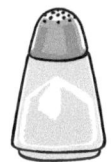

Solniczka

kichanyaji chumvi

Młynek do pieprzu

kinu cha pilipili

Ocet

siki

Olej

mafuta

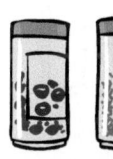

Przyprawy

viungo

Keczup

kechapu

Musztarda

haradali

Majonez

kachumbari nzito

# Supermarket

## dukakuu

Oferta
ofa maalum
FOR
Klient
mteja
Produkty mleczne
maziwa
Owoce
matunda
Wózek sklepowy
toroli


BUTCHERS


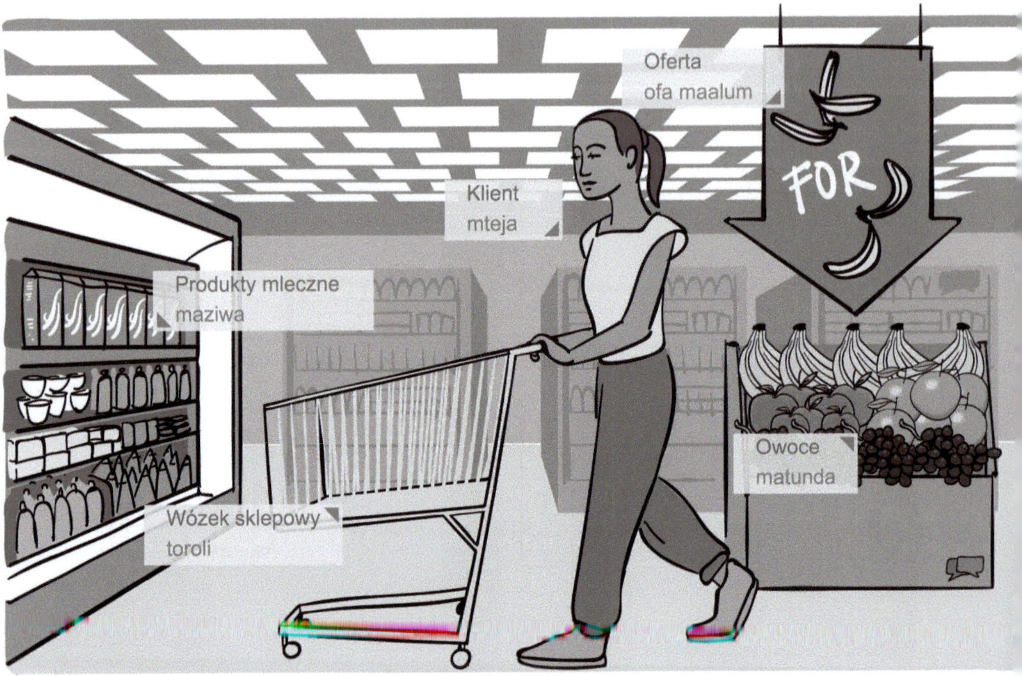

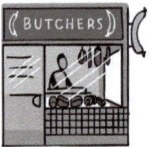

Rzeźnia

mchinjaji

BAKERY


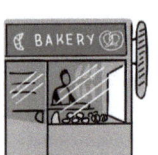

Piekarnia

mwokaji

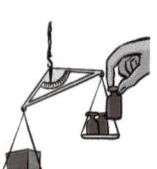

ważyć

uzito

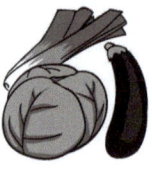

Warzywa

mboga

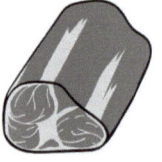

Mięso

nyama

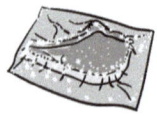

Mrożonki

chakula waliohifadhiwa

**Wędliny**

vipande vya nyama baridi

**Konserwy**

chakula cha kopo

**Proszek m do prania**

sabuni ya unga

**Słodycze**

pipi

**Artykuły użytku domowego**

bidhaa za kaya

**Środek czyszczący**

bidhaa za kusafisha

**Sprzedawczyni**

mtu mauzo

**Kasa**

mpaka

**Kasjer**

keshia

**Lista zakupów**

orodha ya manunuzi

**Godziny otwarcia**

masaa ya ufunguzi

**Portfel**

mkoba

**Karta kredytowa**

kadi

**Torba**

mfuko

**Torebka plastikowa**

mfuko wa plastiki

Woda

maji

Sok

sharubati

Mleko

maziwa

Cola

coke

Wino

mvinyo

Piwo

bia

Alkohol

pombe

Kakao

kakao

Herbata

chai

Kawa

kahawa

Espresso

spreso

Cappuccino

kapuchino

Banan

ndizi

Jabłko

tufaha

Pomarańcza

machungwa

Arbuz

tikiti

Cytryna

lemon

Marchew

karoti

Czosnek

kitunguu saumu

Bambus

mianzi

Cebula

kitunguu

Grzyb

uyoga

Orzechy

karanga

Makaron

nudo

**Spaghetti**

spageti

**Ryż**

mpunga

**Sałatka**

saladi

**Frytki**

vibanzi

**Ziemniaki pieczone**

viazi vya kukaanga

**Pizza**

piza

**Hamburger**

hambaga

**Kanapka**

sandwichi

**Sznycel**

kipande

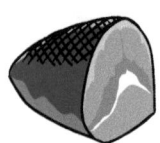

**Szynka**

paja la mnyama

**Salami**

salami

**Kiełbasa**

soseji

**Kura**

kuku

**Pieczeń**

choma

**Ryba**

samaki

**Płatki owsiane**

oats ya uji

**Musli**

muesli

**Płatki kukurydziane**

cornflakes

**Mąka**

unga

**Croissant**

kroisanti

**Bułka**

andazi

**Chleb**

mkate

**Toast**

mkate wa kubanika

**Ciastka**

biskuti

**Masło**

siagi

**Twarożek**

maziwa mgando

**Ciasto**

keki

**Jajko**

yai

**Jajko sadzone**

yai kukaanga

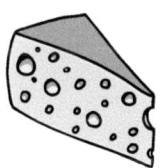

**Ser**

jibini

Lody

aiskrimu

Cukier

sukari

Miód

asali

Marmolada

jemu

Krem nugatowy

kuenea kwa chokoleti

Curry

mchuzi wa viungo

# Gospodarstwo chłopskie

## shamba

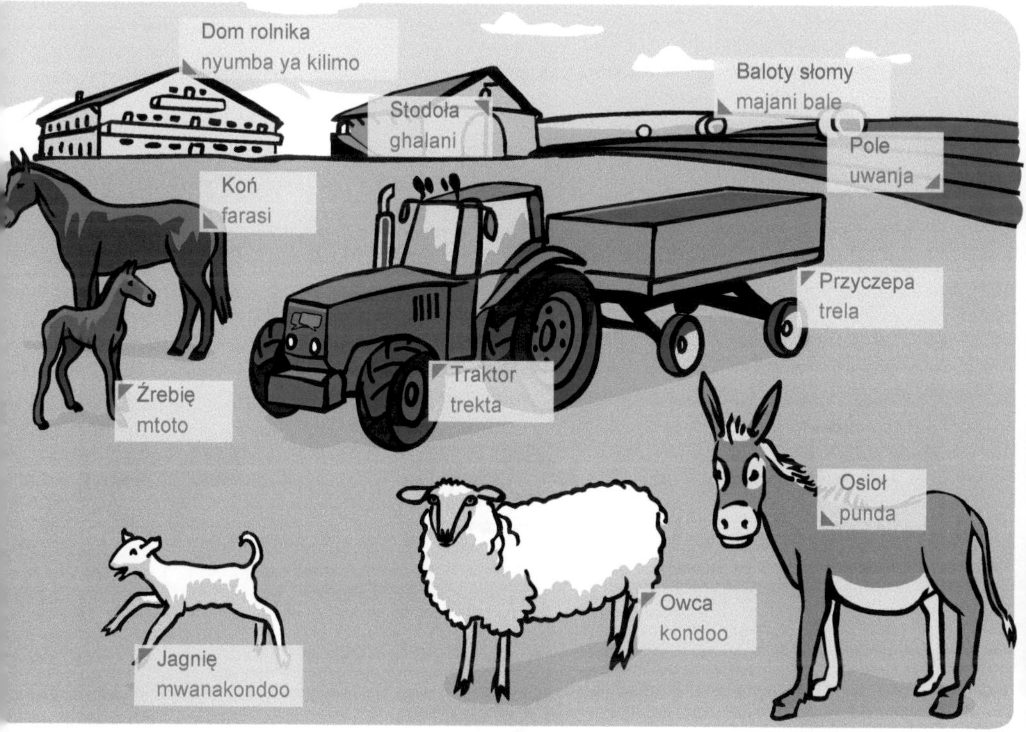

Dom rolnika
nyumba ya kilimo
Stodoła
ghalani
Baloty słomy
majani bale
Pole
uwanja
Koń
farasi
Przyczepa
trela
Traktor
trekta
Źrebię
mtoto
Osioł
punda
Owca
kondoo
Jagnię
mwanakondoo


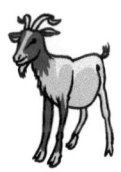

Koza

mbuzi

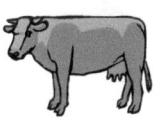

Krowa

ng'ombe

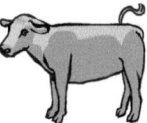

Cielę

ndama

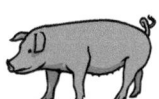

Świnia

nguruwe

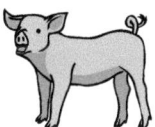

Prosię

mwananguruwe

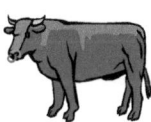

Byk

fahali

Gęś

batabukini

Kaczka

bata

Kurczątko

kifaranga

Kura

kuku

Kogut

jogoo

Szczur

panya

Kot

paka

Mysz

panya

Osioł

ng'ombe

Pies

mbwa

Buda dla psa

nyumba ya mbwa

Wąż ogrodowy

bomba la bustani

Konewka

debe la kumwagilia maji

Kosa

fyekeo

Pług

kulima

**Sierp**
mundu

**Graca**
jembe

**Widły**
uma wa nyasi

**Siekiera**
shoka

**Taczka**
toroli

**Koryto**
kupitia nyimbo

**Kanka na mleko**
chombo cha maziwa

**Worek**
gunia

**Płot**
ua

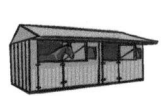

**Stajnia**
imara

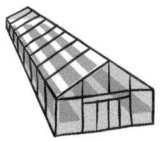

**Szklarnia**
chafu

**Ziemia**
udongo

**Nasiona**
mbegu

**Nawóz**
mbolea

**Kombajn zbożowy**
kivunaji

zbierać

mavuno

Żniwa

mavuno

Podchrzyn

viazi vikuu

Pszenica

ngano

Soja

soya

Ziemniak

viazi

Kukurydza

mahındı

Rzepak

rapa

Drzewo owocowe

mti wa matunda

Maniok

muhogo

Zboże

nafaka

# Dom
# nyumba

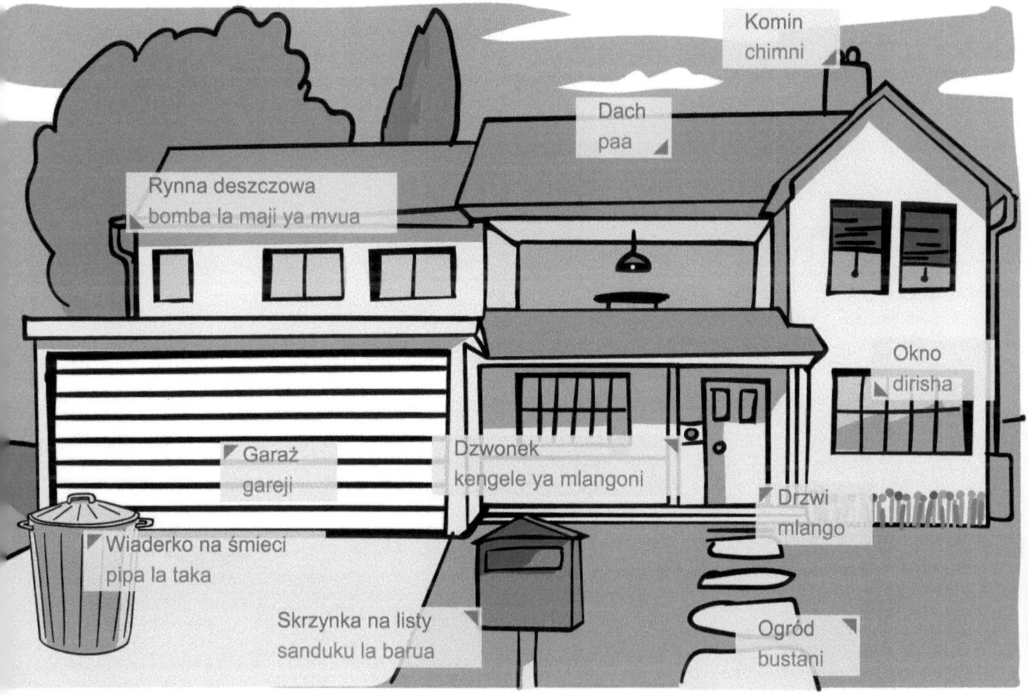
Komin
chimni
Dach
paa
Rynna deszczowa
bomba la maji ya mvua
Okno
dirisha
Garaż
gareji
Dzwonek
kengele ya mlangoni
Drzwi
mlango
Wiaderko na śmieci
pipa la taka
Skrzynka na listy
sanduku la barua
Ogród
bustani

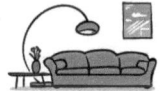

Pokój dzienny

sebuleni

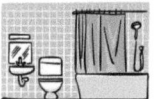

Łazienka

bafu

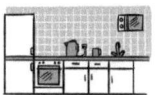

Kuchnia

jikoni

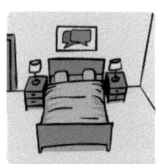

Sypialnia

chumba cha kulala

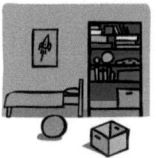

Pokój dziecięcy

chumba ya mtoto

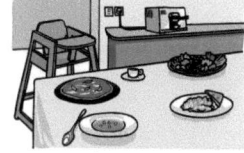

Jadalnia

chumba cha kulia

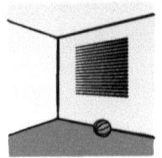

Ziemia

sakafu

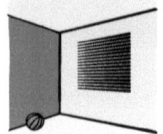

Ściana

ukuta

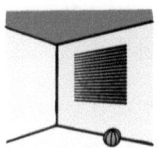

Koc

dari

Piwnica

pishi

Sauna

sauna

Balkon

roshani

Taras

mtaro

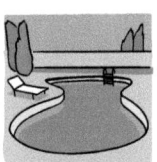

Basen

kidimbwi

Kosiarka do trawy

mashine ya kukata nyasi

Poszwa

karatasi

Kołdra

kitambaa cha kupamba
kitanda

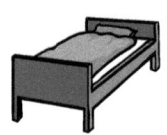

Łóżko

kitanda

Miotła

ufagio

Wiadro

ndoo

Włącznik

kubadili

# Pokój dzienny
## sebuleni

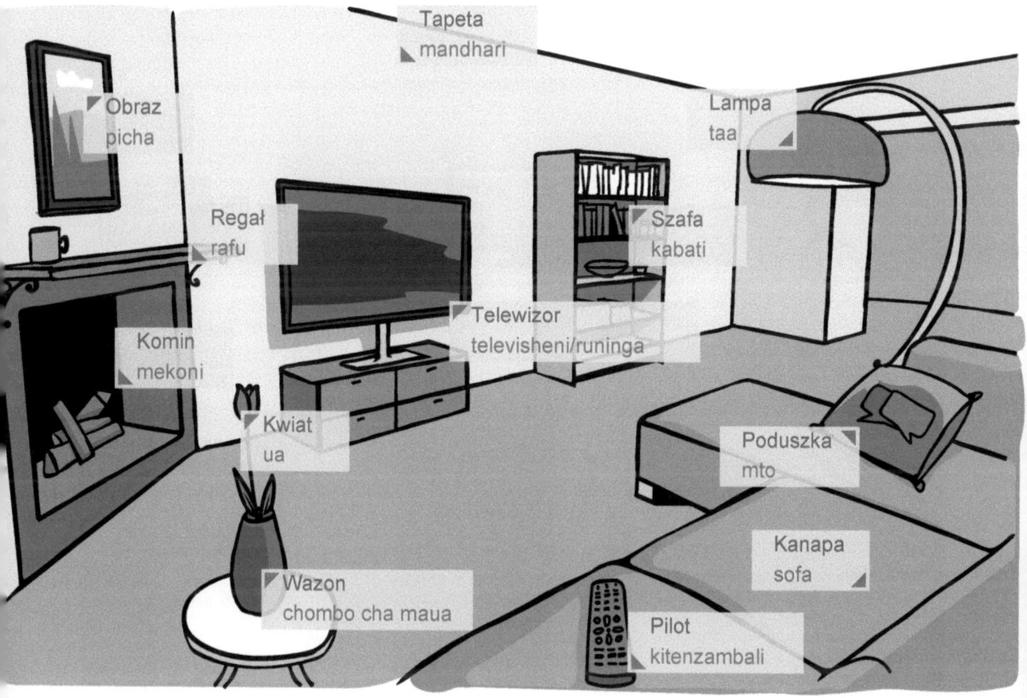

Tapeta
mandhari
Obraz
picha
Lampa
taa
Regał
rafu
Szafa
kabati
Telewizor
televisheni/runinga
Komin
mekoni
Kwiat
ua
Poduszka
mto
Kanapa
sofa
Wazon
chombo cha maua
Pilot
kitenzambali


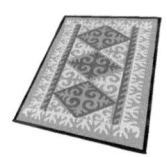

Dywan
zulia

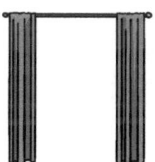

Zasłona
pazia

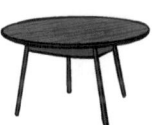

Stół
meza

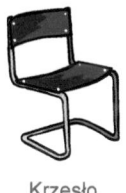

Krzesło
kiti

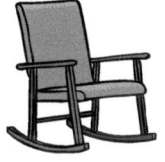

Bujak
kiti cha bembea

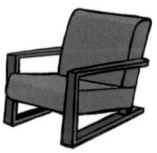

Fotel
armchair

Książka

kitabu

Sufit

blanketi

Dekoracja

mapambo

Drewno kominkowe

kuni

Film

filamu

Instalacja stereo

kifaa cha hi-fi

Klucz

ufunguo

Gazeta

gazeti

Malunek

uchoraji

Plakat

bango

Radio

redio

Notatnik

daftari

Odkurzacz

kifyonza

Kaktus

dungusi kakati

Świeczka

mshumaa

# Kuchnia
## jikoni

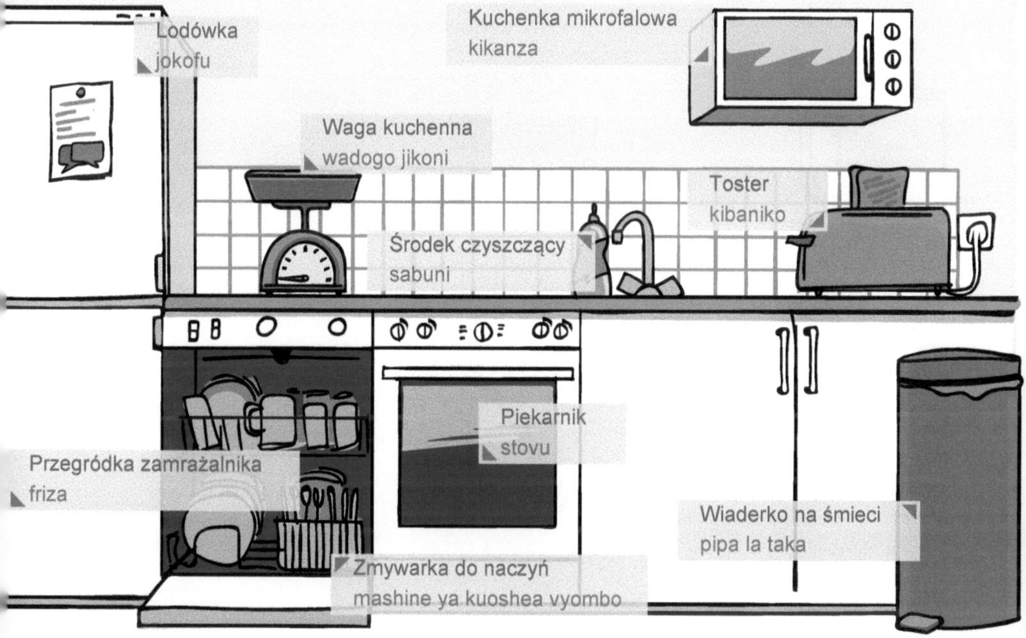
Lodówka
jokofu
Kuchenka mikrofalowa
kikanza
Waga kuchenna
wadogo jikoni
Toster
kibaniko
Środek czyszczący
sabuni
Piekarnik
stovu
Przegródka zamrażalnika
friza
Wiaderko na śmieci
pipa la taka
Zmywarka do naczyń
mashine ya kuoshea vyombo

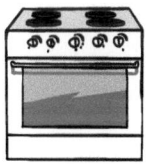

Kuchenka

jiko la kupika

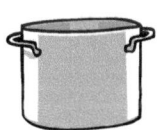

Garnek

chungu

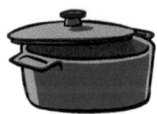

Kocioł żeliwny

sufuria ya chuma

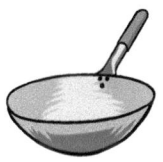

Wok / Kadai

wok / kadai

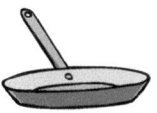

Patelnia

kaango

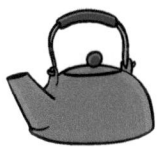

Czajnik

birika

**Parowar**

stima

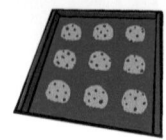

**Blacha do pieczenia**

sinia ya kuoka

**Naczynia kuchenne**

vyombo vya udongo

**Kubek**

kombe

**Miska**

bakuli

**Pałeczki**

vijiti vya kulia

**Nabierka**

ukawa

**Łopatka do smażenia**

mwiko mpana

**Trzepaczka do śmietany**

burashi

**Cedzak**

kichujio

**Sitko**

chujio

**Tarka**

mbuzi

**Moździerz**

chokaa

**Grillowanie**

barbeque

**Palenisko**

moto wazi

**Deska**

ubao wa majaribio

**Wałek do ciasta**

kijiti cha kusukuma unga

**Korkociąg**

kizibuo

**Puszka**

kopo

**Otwieracz do puszek**

inaweza kopo

**Ściereczka do trzymania garnka**

kishikio cha chungu

**Umywalka**

karo

**Szczotka**

brashi

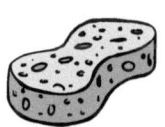

**Gąbka**

sifongo

**Mikser**

kisagaji matunda

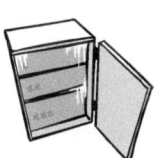

**Zamrażarka**

friji ya kina

**Butelka dla niemowlęcia**

chupa ya mtoto

**Kran**

bomba

# Łazienka

## bafu

Prysznic
mfereji wa kuogea
Ogrzewanie
joto
Ręcznik
taulo
Kotara prysznicowa
pazia la kuogea
Płyn do kąpieli
maji ya kuoga yenye povu
Wanna kąpielowa
hodhi
Szklanka
glasi
Pralka
mashine ya kuosha
Kran
bomba
Kafelki
vigae
Nocnik
poti
Umywalka
karo

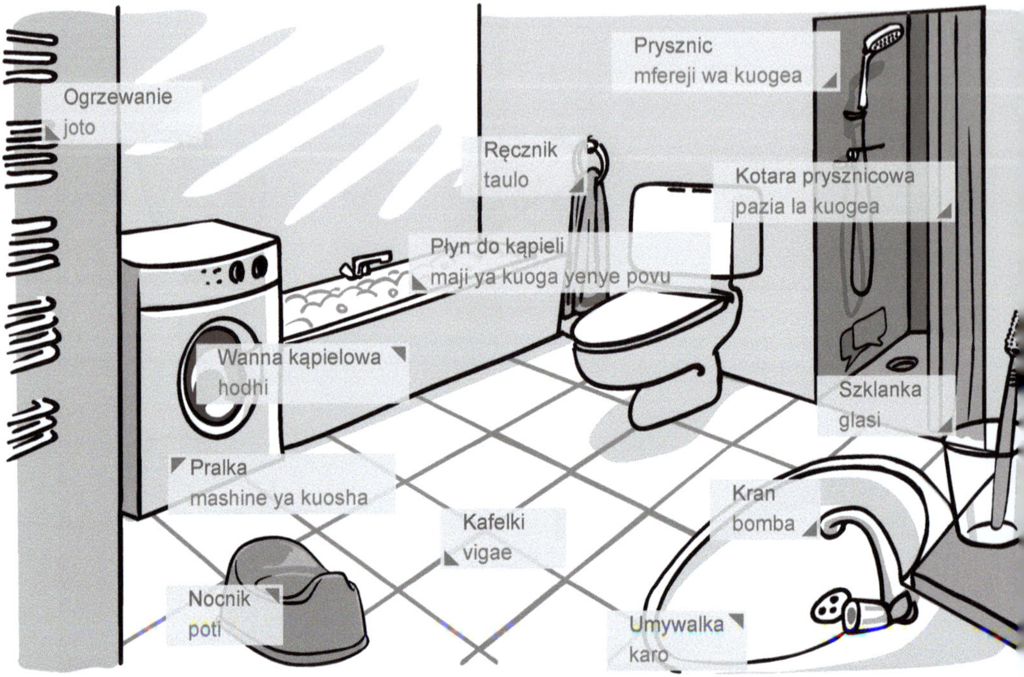

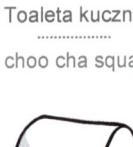

Toaleta

choo

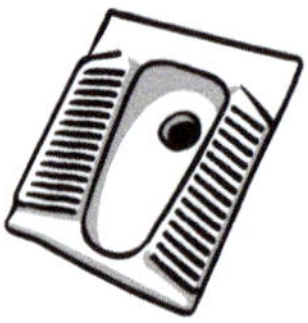

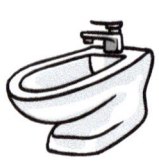

Toaleta kuczna

choo cha squat

Bidet

beseni la mviringo

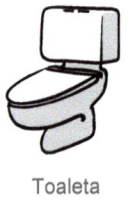

Pisuar

choo cha umma

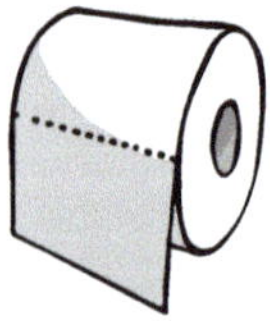

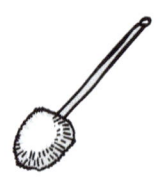

Papier toaletowy

shashi

Szczotka toaletowa

brashi ya choo

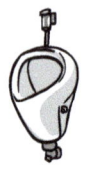

Szczoteczka do zębów

mswaki

Pasta do zębów

dawa ya meno

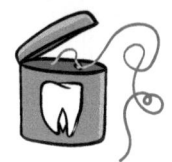

Nitki do czyszczenia zębów

dawa ya meno

myć

safisha

Głowica prysznicowa

kuoga mkono

Płyn kąpielowy do higieny intymnej

msukumo wa maji

Miska do mycia

bonde

Szczotka kąpielowa

mpako wa pili

Mydło

sabuni

Żel prysznicowy

jeli ya kuogea

Szampon

shampuu

Rękawica kąpielowa

flana

Odpływ

toa maji

Krem

krimu

Dezodorant

kiondoa harufu

**Lustro**

kioo

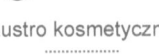

**Lustro kosmetyczne**

kioo mkono

**Golarka**

kinyozi

**Pianka do golenia**

povu la kunyoa

**Woda po goleniu**

baada ya kunyoa

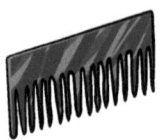

**Grzebień**

kichana

**Szczotka**

brashi

**Suszarka do włosów**

kikausha nywele

**Spray do włosów**

marashi ya nyewele

**Makijaż**

vipodozi

**Pomadka**

kidomwa

**Lakier do paznokci**

varnish ya msumari

**Wata**

pamba

**Nożyczki do paznokci**

mkasi wa kucha

**Perfum**

manukato

**Kosmetyczka**

mkoba wa kuosha

**Taboret**

kinyesi

**Waga**

mizani

**Szlafrok kąpielowy**

nguo ya kuoga

**Rękawice gumowe**

glavu za mpira

**Tampon**

kisodo

**Podpaska damska**

sodo

**Toaleta chemiczna**

kemikali choo

# Pokój dziecięcy
# chumba ya mtoto

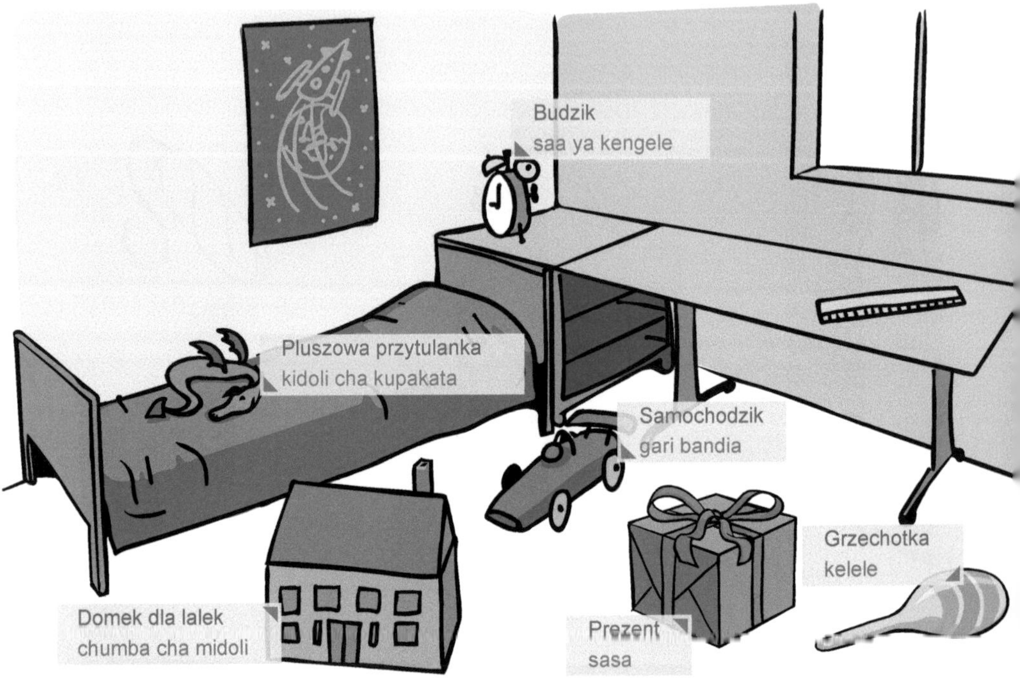

Budzik
saa ya kengele
Pluszowa przytulanka
kidoli cha kupakata
Samochodzik
gari bandia
Grzechotka
kelele
Domek dla lalek
chumba cha midoli
Prezent
sasa


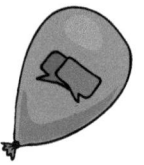

Balon

baluni

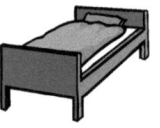

Łóżko

kitanda

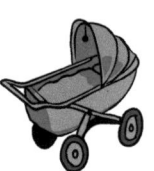

Wózek dziecięcy

mashua

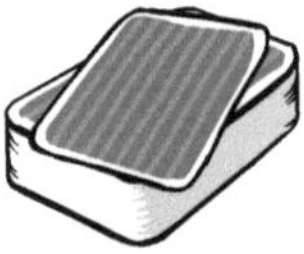

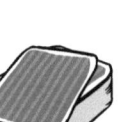

Gra w karty

staha ya kadi

Puzzle

mchezo-fumb

SUPER MEGA


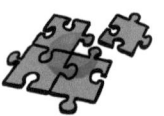

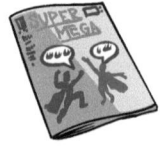

Komiks

vichekesho

Klocki lego

matofali lego

Klocki

vitalu mwigo

Action figura

hatua takwimu

Śpioszek dziecięcy

suti ya kulalia

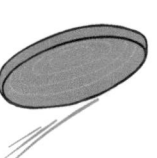

Frisbee

kisahani

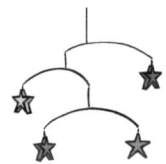

Zabawki ruchome

simu

Gra planszowa

ubao wa michezo

Kości

kete

Kolejka elektryczna

garimoshi mwigo

Smoczek

dummy

Przyjęcie

chama

Książka z ilustracjami

picha kitabu

Piłka

mpira

Lalka

kikaragosi

bawić się

kucheza

Piaskownica

shimo la mchanga

Huśtawka

bembea

Zabawki

vitu bandia

Konsola do gier

kiweko cha video ya mchezo

Rowerek trójkołowy

baiskeli ya magurudumu

matatu

Pluszowy miś

mwanasesere

Szafa ubraniowa

kabati

## Ubiór

## nguo

Skarpety

soksi

Pończochy

stokingi

Rajstopy

kibano

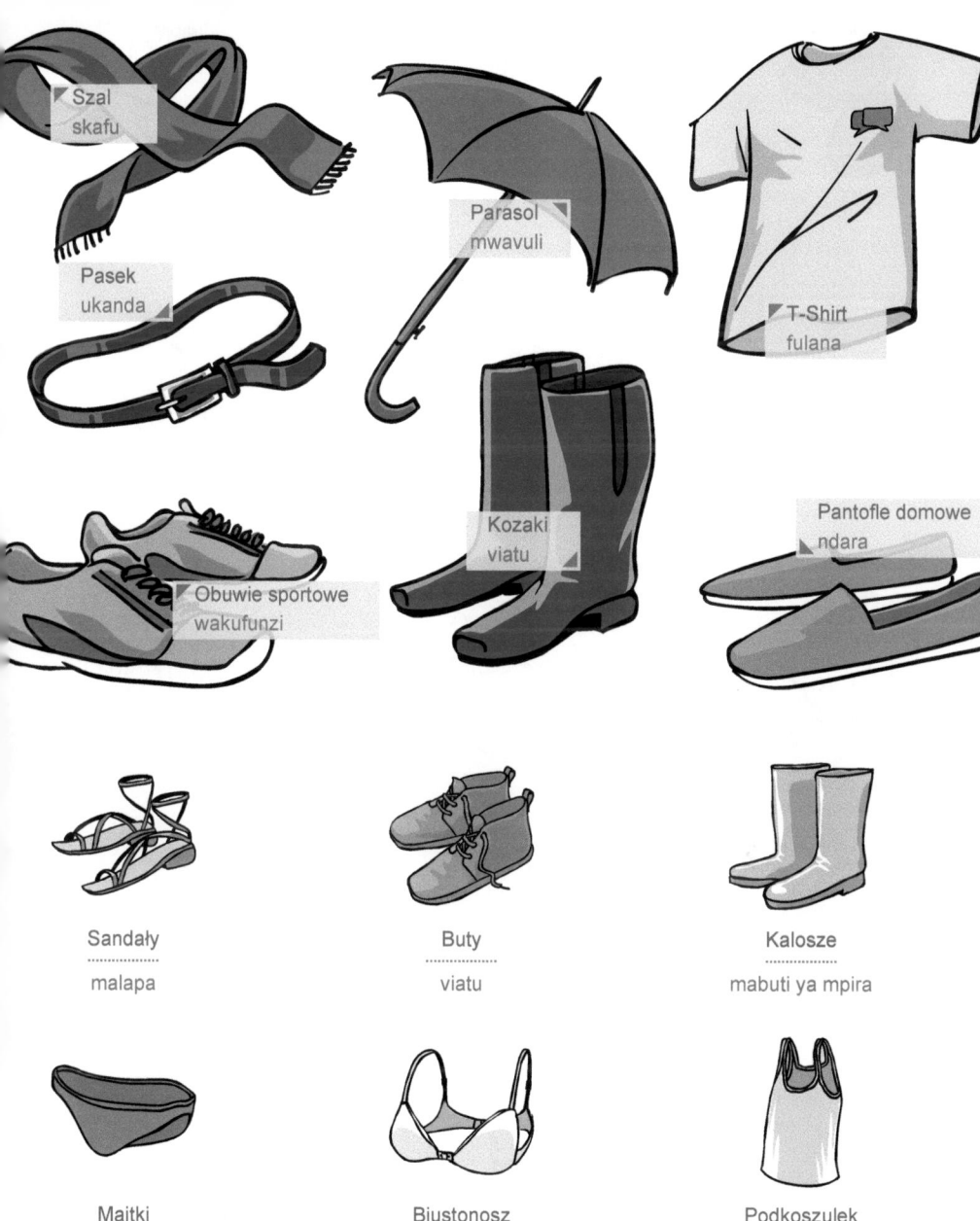

Szal
skafu

Parasol
mwavuli

T-Shirt
fulana

Pasek
ukanda

Kozaki
viatu

Pantofle domowe
ndara

Obuwie sportowe
wakufunzi

Sandały

malapa

Buty

viatu

Kalosze

mabuti ya mpira

Majtki

suruali ya ndani

Biustonosz

sidiria

Podkoszulek

fulana

Body
........................
mwili

Spodnie
........................
suruali

Dżins
........................
dangirizi

Spódnica
........................
sketi

Bluzka
........................
blauzi

Koszula
........................
shati

Pulower
........................
vuta

Bluza sportowa
........................
sweta

Marynarka
........................
bleza

Kurtka
........................
jaketi

Płaszcz
........................
koti

Płaszcz przeciwdeszczowy
........................
koti la mvua

Kostium
........................
maleba

Sukienka
........................
gauni

Suknia ślubna
........................
mavazi ya harusi

**Garnitur męski**
suti

**Koszula nocna**
vazi la usiku

**Piżama**
pajama

**Sari**
sari

**Chusta na głowę**
skafu

**Turban**
kilemba

**Burka**
burka

**Kaftan**
kaftan

**Abaya**
abaya

**Strój kąpielowy**
vazi la kuogelea

**Kąpielówki**
vazi la kiume la kuogelea

**Krótkie spodnie**
kaptura

**Dres sportowy**
teitei

**Fartuch**
aproni

**Rękawiczki**
glavu

Guzik

kifungo

Okulary

glasi

Bransoletka

bangili

Łańcuszek

mkufu

Pierścionek

pete

Kolczyk

herini

Czapka

kofia

Wieszak

kiango cha koti

Kapelusz

kofia

Krawat

tai

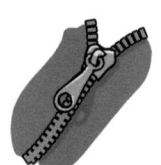

Zamek błyskawiczny

zipu

Kask

kofia

Szelki

kanda za suruali

Mundurek szkolny

sare za shule

Mundur

sare

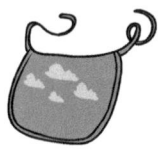

Śliniaczek

bibu

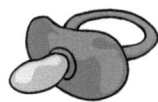

Smoczek

dummy

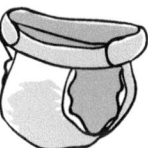

Pieluszka

nepi

# Biuro

## ofisi

Serwer
seva
Szafa na akta
kabati la kuweka faili
Drukarka
kichapishaji
Papier
karatasi
Monitor
kiwambo
Biurko
dawati
Mysz
kipanya
Segregator
folda
Klawiatura
kibodi
na odpadki
cha kuweka karatasi chafu
Komputer
kompyuta
Krzesło
kiti


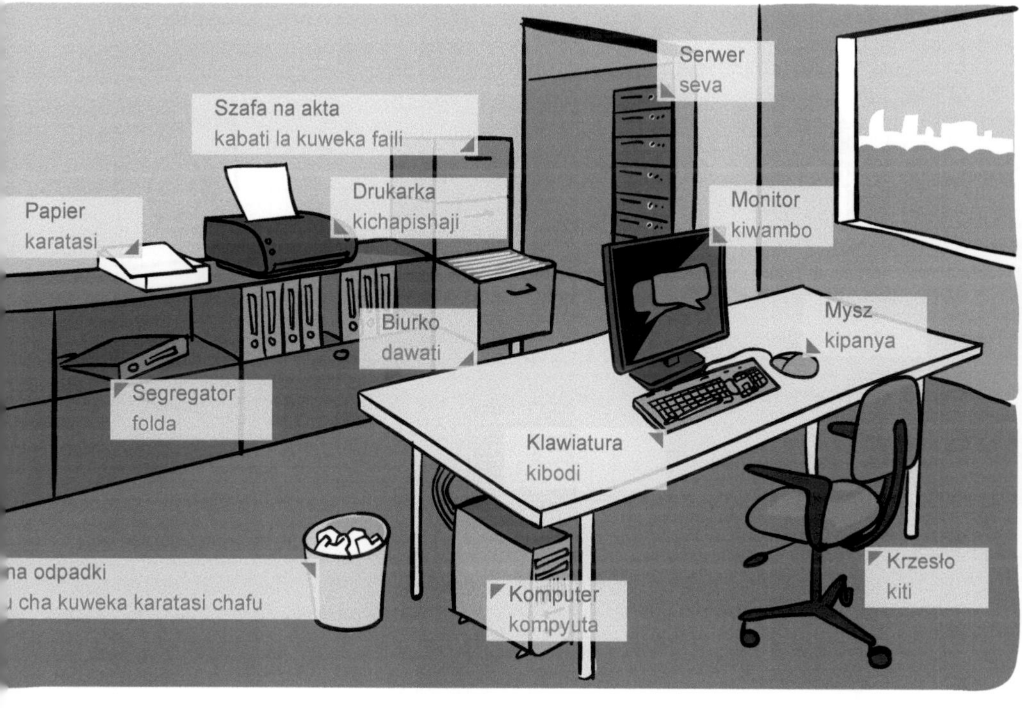

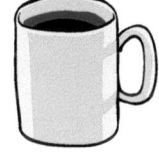

Filiżanka do kawy

kmobe la kahawa

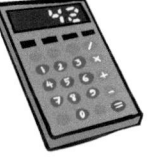

Kalkulator

kikokotoo

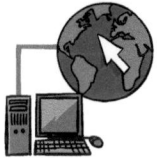

Internet

biashara

**Laptop**

mbali

**List**

barua

**Wiadomość**

ujumbe

**Komórka**

rununu

**Sieć**

intaneti

**Kopiarka**

fotokopia

**Oprogramowanie**

programu

**Telefon**

simu

**Gniazdko**

soketi

**Faks**

kipepesi

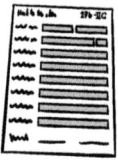

**Formularz**

fomu

**Dokument**

hati

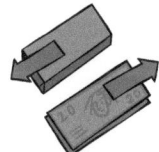

kupić
.............
kununua

płacić
.............
kulipa

postępować
.............
biashara

Pieniądze
.............
fedha

Dolar
.............
dola

Euro
.............
yuro

Jen
.............
yeni

Rubel
.............
rouble

Frank
.............
faranga ya Uswisi

Juan Renminbi
.............
renminbi yuan

Rupia
.............
rupia

Bankomat
.............
eneo la kulipia

Kantor wymiany walut

ofisi ya ubadilishanaji

Złoto

dhahabu

Srebro

fedha

Olej

mafuta

Energia

nishati

Cena

bei

Umowa

mkataba

Podatek

kodi

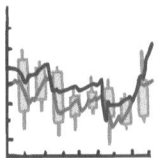

Akcja

bidhaa

pracować

kazi

Pracownik umysłowy

mfanyakazi

Pracodawca

mwajiri

Fabryka

kiwanda

Sklep

duka

# Zawody
## kazi

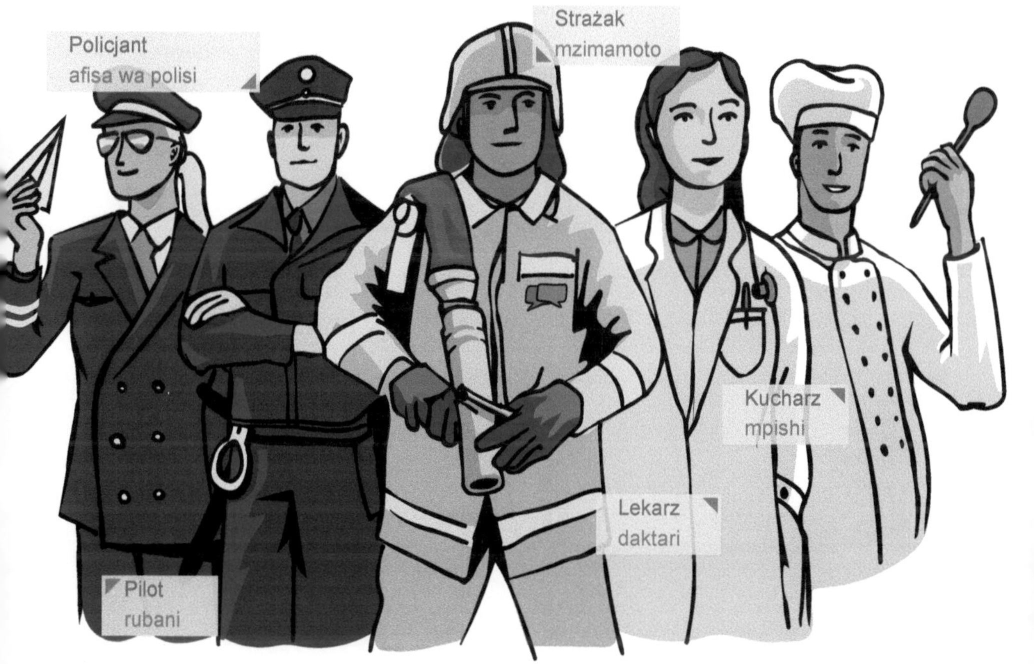
Policjant
afisa wa polisi
Strażak
mzimamoto
Kucharz
mpishi
Lekarz
daktari
Pilot
rubani

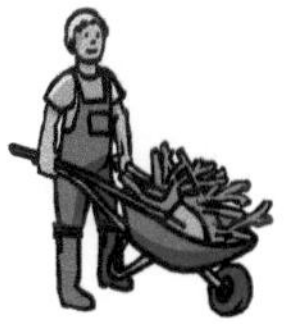

Ogrodnik

mtunza bustani

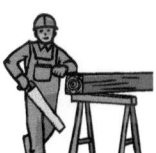

Stolarz

seremala

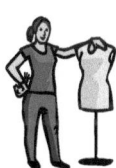

Krawcowa

mshonaji

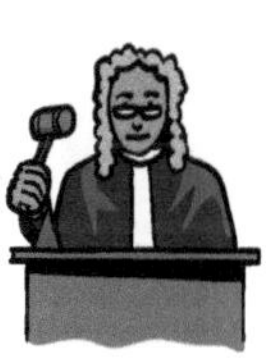

Sędzia

hakimu

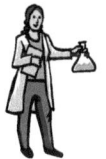

Chemik

mwanakemia

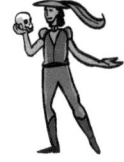

Aktor

muigizaji

Kierowca autobusu

dereva wa basi

Taksówkarz

dereva wa teksi

Fischer

mvuvi

Sprzątaczka

mwanamke wa kusafisha

Dekarz

mwezekaji

Kelner

mhudumu

Myśliwy

mwindaji

Malarz

mchoraji

Piekarz

mwokaji

Elektryk

umeme

Robotnik budowlany

mjenzi

Inżynier

mhandisi

Rzeźnik

mchinjaji

Instalator

fundi bomba

Listonosz

mwanaposta

**Żołnierz**

mwanajeshi

**Architekt**

msanifu majengo

**Kasjer**

keshia

**Florysta**

muuza maua

**Fryzjer**

msusi

**Konduktor**

kondakta

**Mechanik**

mekanika

**Kapitan**

nahodha

**Dentysta**

daktari wa meno

**Naukowiec**

mwanasayansi

**Rabin**

rabbi

**Imam**

imamu

**Mnich**

mtawa

**Proboszcz**

kasisi

# Narzędzia

## zana

Szczypce
koleo
Młotek
nyundo
Wkrętak
bisibisi
Latarka
kurunzi
Klucz do śrub
spana


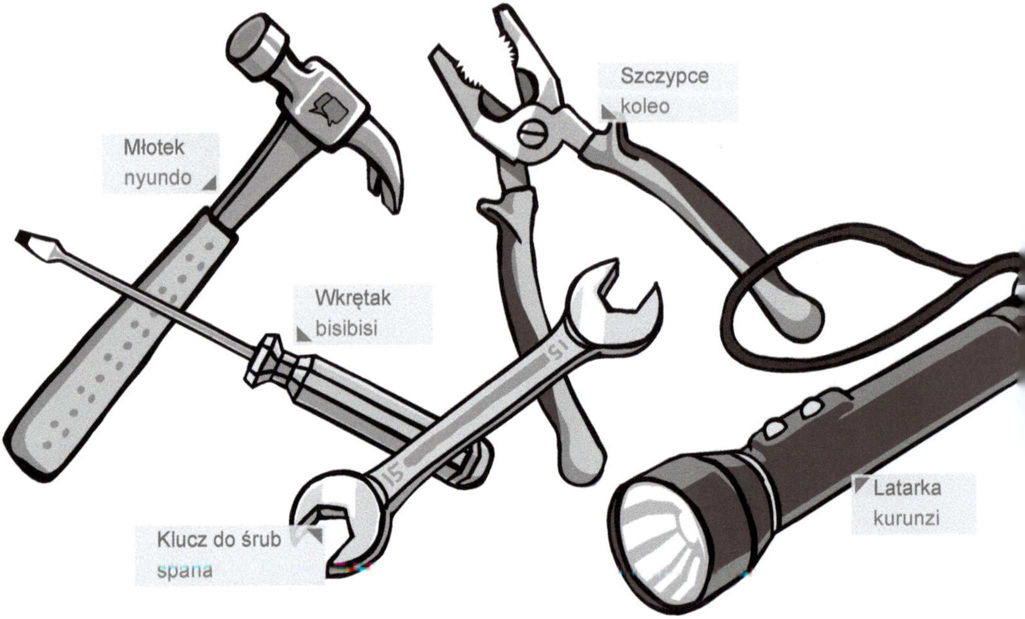

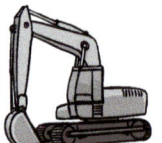

Koparka

mchimbaji

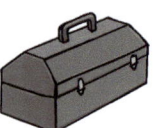

Skrzynka narzędziowa

sanduku la vifaa

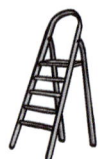

Drabina

ngazi

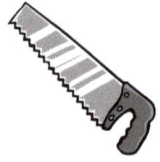

Piła

msumeno

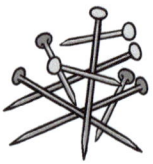

Gwoździe

misumari

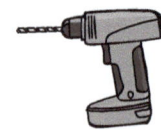

Wiertło

kuchimba visima

naprawić

kukarabati

Łopatka

sepetu

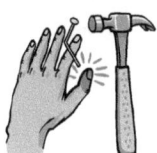

Cholera!

Lo!

Szufelka

kishikio cha uchafu

Puszka z farbą

chungu cha rangi

Śruby

skurubu

# Instrumenty muzyczne
## ala za muziki

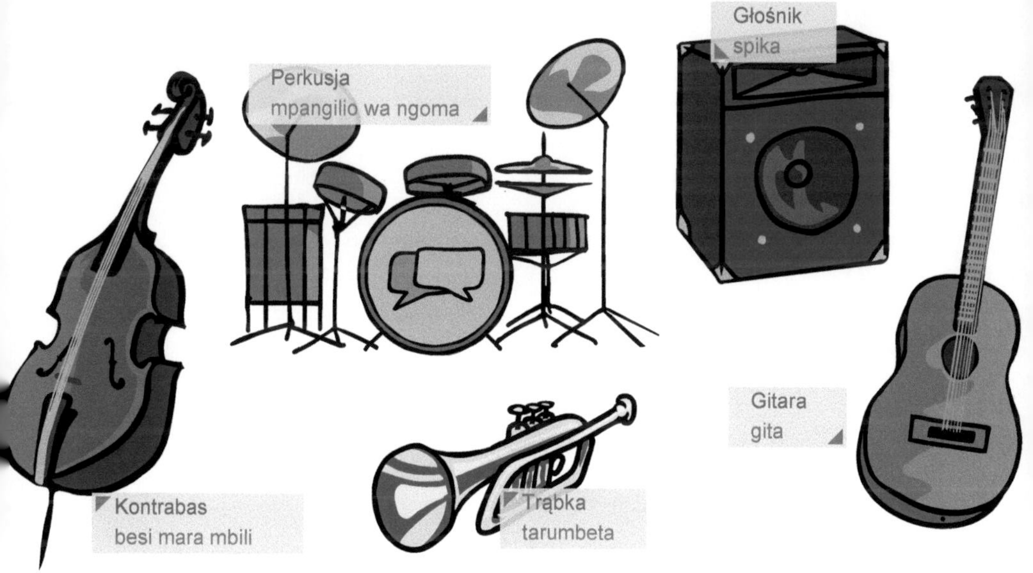

Głośnik
spika

Perkusja
mpangilio wa ngoma

Kontrabas
besi mara mbili

Trąbka
tarumbeta

Gitara
gita

Pianino

piano

Skrzypce

fidla

Bas

ubeji

Kotły

timpani

Bęben

ngoma

Keyboard

kibodi

Saksofon

saksafoni

Flet

filimbi

Mikrofon

maikrofoni

# Zoo
## bustani ya wanyama

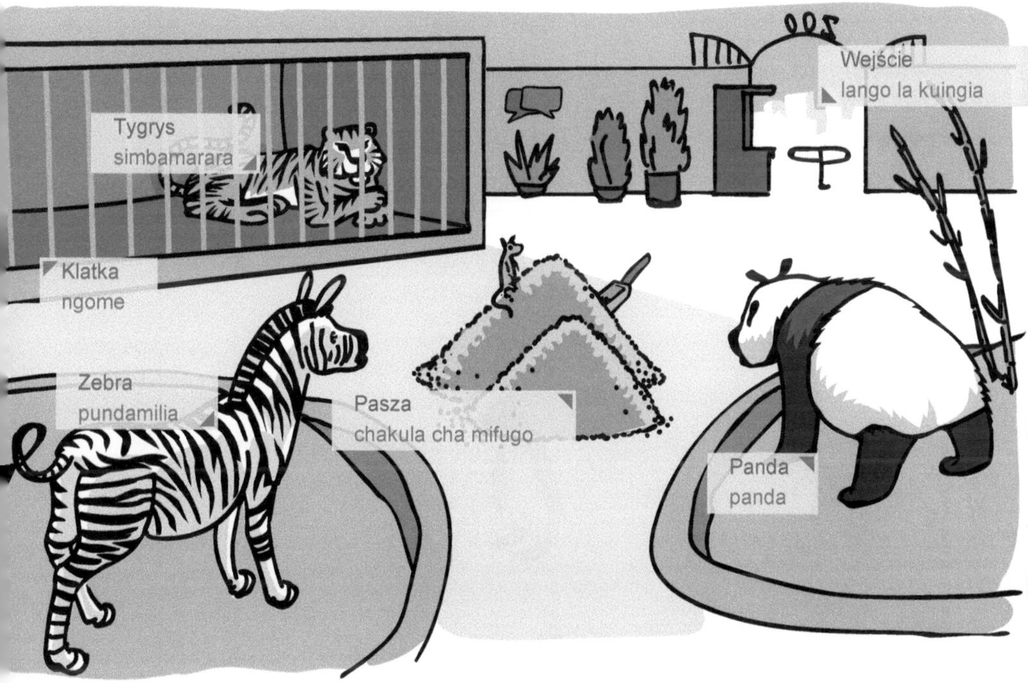
zoo
Wejście
lango la kuingia
Tygrys
simbamarara
Klatka
ngome
Zebra
pundamilia
Pasza
chakula cha mifugo
Panda
panda

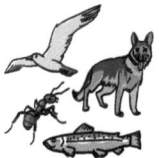

Zwierzęta

wanyama

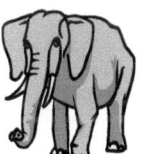

Słoń

tembo

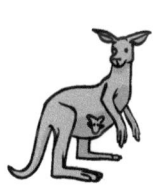

Kangur

kangaruu

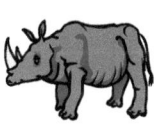

Nosorożec

kifaru

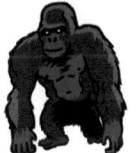

Goryl

sokwe

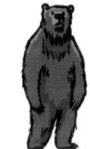

Niedźwiedź

dubu

Wielbłąd

ngamia

Struś

mbuni

Lew

simba

Małpa

tumbili

Fleming

heroe

Papuga

kasuku

Niedźwiedź polarny

dubu

Pingwin

pengulni

Rekin

papa

Paw

tausi

Wąż

nyoka

Krokodyl

mamba

Dozorca w zoo

mtunza wanyama

Foka

muhuri

Jaguar

jaguar

Kucyk

mwanafarasi

Gepard

chui

Hipopotam

kiboko

Żyrafa

twiga

Orzeł

tai

Dzik

nguruwe mwitu

Ryba

samaki

Żółw

kobe

Mors

sili

Lis

mbweha

Gazela

paa

Futbol amerykański
soka ya marekani

Kolarstwo
uendeshaji baiskeli

Tenis
tenisi

Koszykówka
mpira wa kikapu

Pływanie
kuogelea

Hokej na lodzie
magongo ya barafuni

Boks
ndondi

Piłka nożna
soka

Badminton
vinyoya

Lekka atletyka
riadha

Piłka ręczna
mpira wa mikono

Narciarstwo
skii

Polo
polo

# Działania
# shughuli

śmiać się
cheka
skakać
kuruka
objąć
kumbatia
iść
kutembea
śpiewać
kuimba
marzyć
ota ndoto
modlić się
kuomba
całować
busu


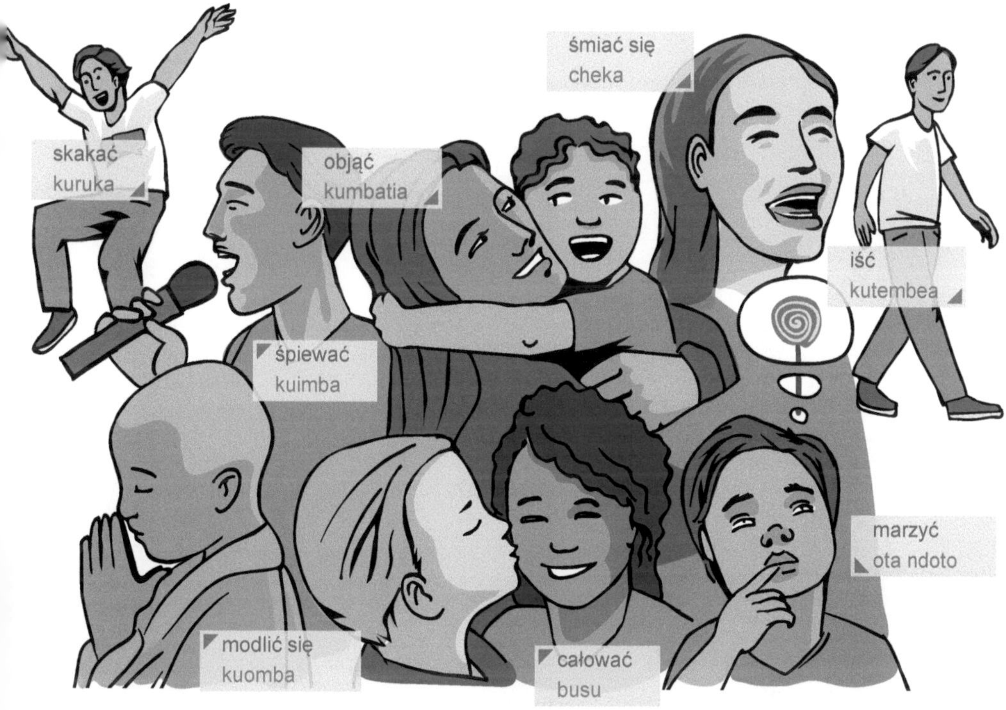

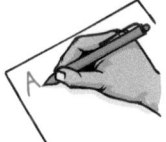

pisać

kuandika

rysować

kuteka

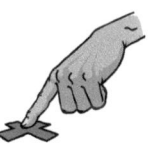

pokazywać

angalia

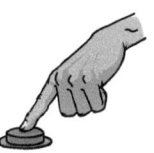

nacisnąć

sukuma

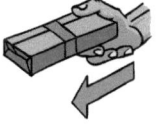

dać

kutoa

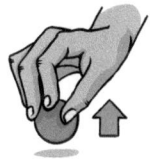

wziąć

kuchukua

mieć

kuwa

robić

fanya

być

kuwa

stać

kusimama

biegać

kukimbia

ciągnąć

vuta

rzucać

kutupa

spaść

kuanguka

leżeć

hadaa

czekać

kusubiri

nosić

kubeba

siedzieć

kukaa

zakładać

vaa nguo

spać

usingizi

budzić się

kuamka

spojrzeć

kuangalia

płakać

lia

głaskać

kiharusi

czesać się

chana nywele

mówić

ongea

rozumieć

kuelewa

pytać

kuuliza

słyszeć

kusikiliza

pić

kunywa

jeść

kula

sprzątać

nadhifisha

kochać

upendo

gotować

mpishi

jechać

gari

latać

kuruka

żeglować
meli

liczyć
kokotoa

czytać
kusoma

uczyć się
kujifunza

pracować
kazi

wejść w związek małżeński
kuoa

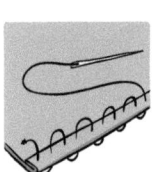

szyć
kushona

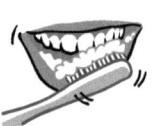

myć zęby
piga mswaki

zabić
kuua

palić tytoń
moshi

wysłać
kutuma

# Rodzina
# familia

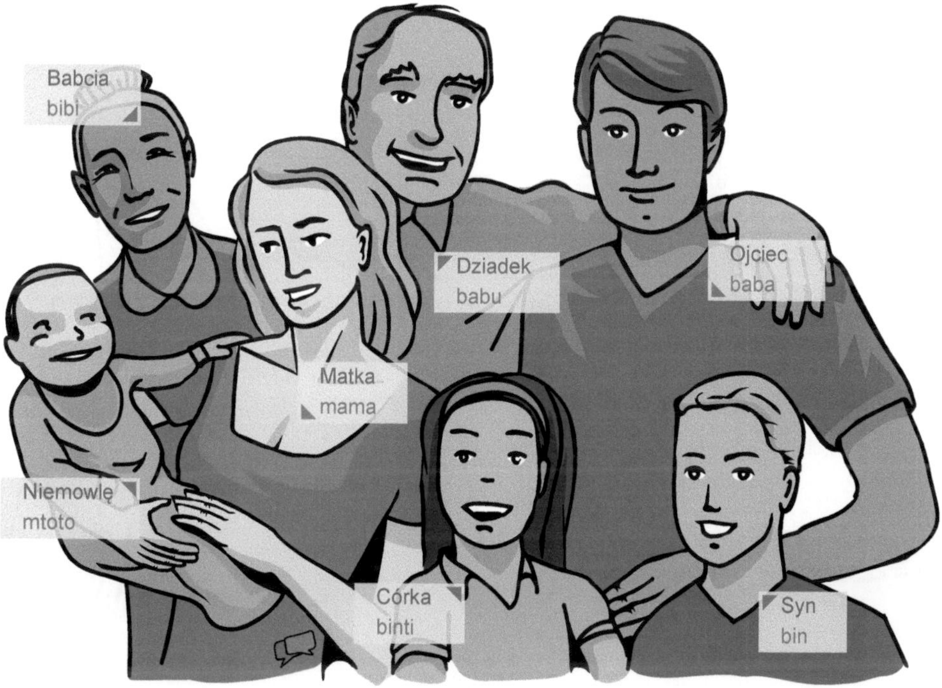
Babcia
bibi
Dziadek
babu
Ojciec
baba
Matka
mama
Niemowlę
mtoto
Córka
binti
Syn
bin

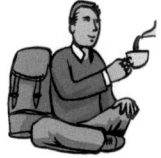

Gość

mgeni

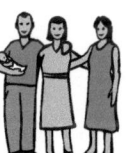

Ciotka

shangazi

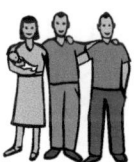

Wujek

mjomba

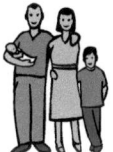

Brat

kaka

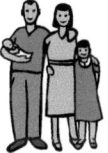

Siostra

dada

# Ciało

## mwili

Czoło
paji la uso
Oko
jicho
Ramię
bega
Palec
kidole
Twarz
uso
Broda
kidevu
Ręka
mkono
Noga
mguu
Pierś
matiti
Ramię
mkono


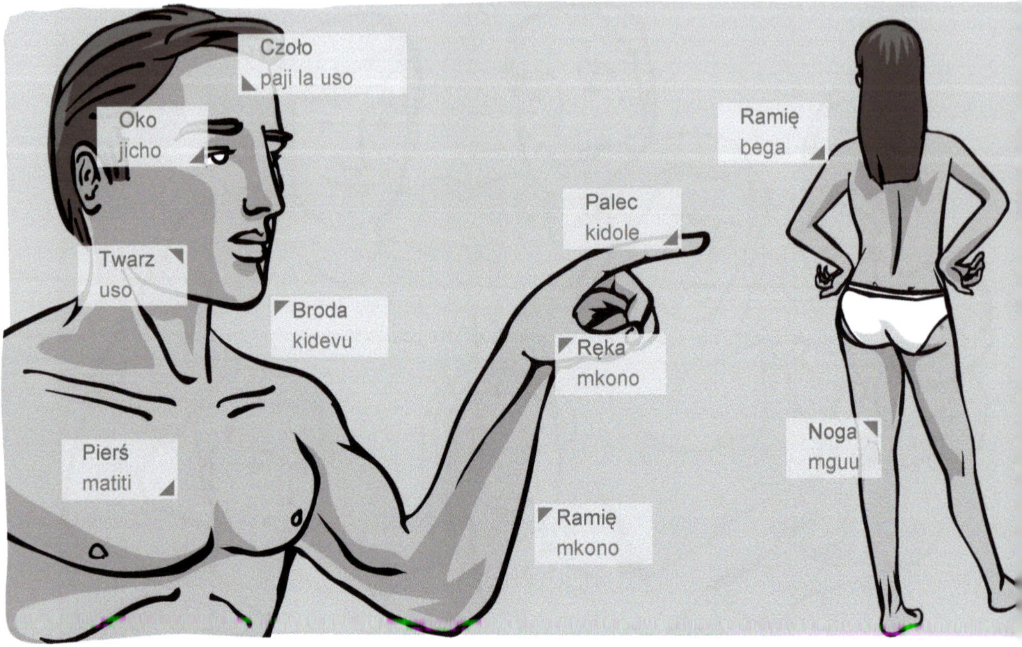

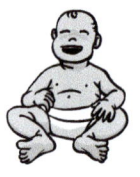

Niemowlę

mtoto

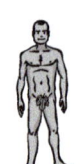

Mężczyzna

mwanamume

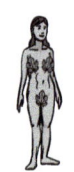

Kobieta

mwanamke

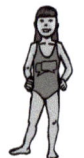

Dziewczyna

msichana

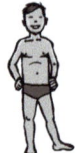

Chłopiec

mvulana

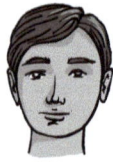

Głowa

kichwa

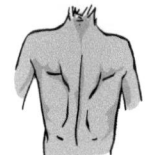

**Plecy**

nyuma

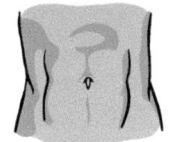

**Brzuch**

tumbo

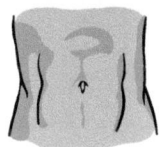

**Pępek**

kitovu

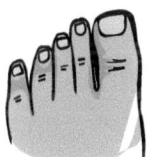

**palec nogi**

chano

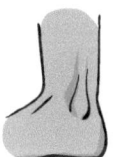

**Pięta**

kisigino

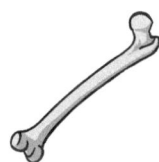

**Kość**

mfupa

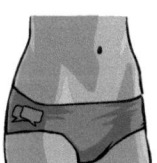

**Biodro**

nyonga

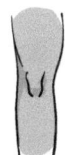

**Kolano**

goti

**Łokieć**

kiwiko

**Nos**

pua

**Pośladki**

chini

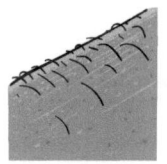

**Skóra**

ngozi

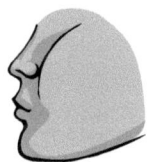

**Policzek**

shavu

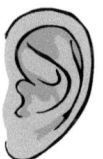

**Uszy**

sikio

**Warga**

mdomo

Usta

kinywa

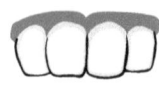

Ząb

jino

Język

ulimi

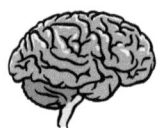

Mózg

ubongo

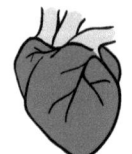

Serce

moyo

Mięsień

misuli

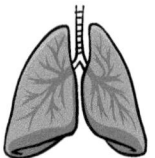

Płuca

pafu

Wątroba

ini

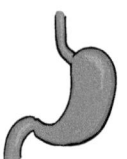

Żołądek

tumbo

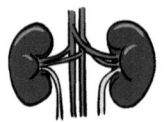

Nerki

figo

Stosunek płciowy

jinsia

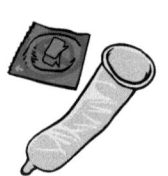

Kondom

kondomu

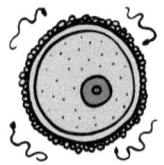

Komórka jajowa

ovari

Sperma

shahawa

Ciąża

mimba

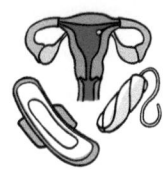

Menstruacja
.................
hedhi

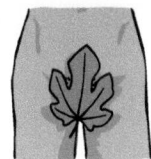

Wagina
.................
uke

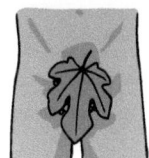

Penis
.................
uume

Brew
.................
unyusi

Włosy
.................
nywele

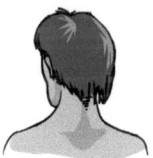

Szyja
.................
shingo

# Szpital
# hospitali

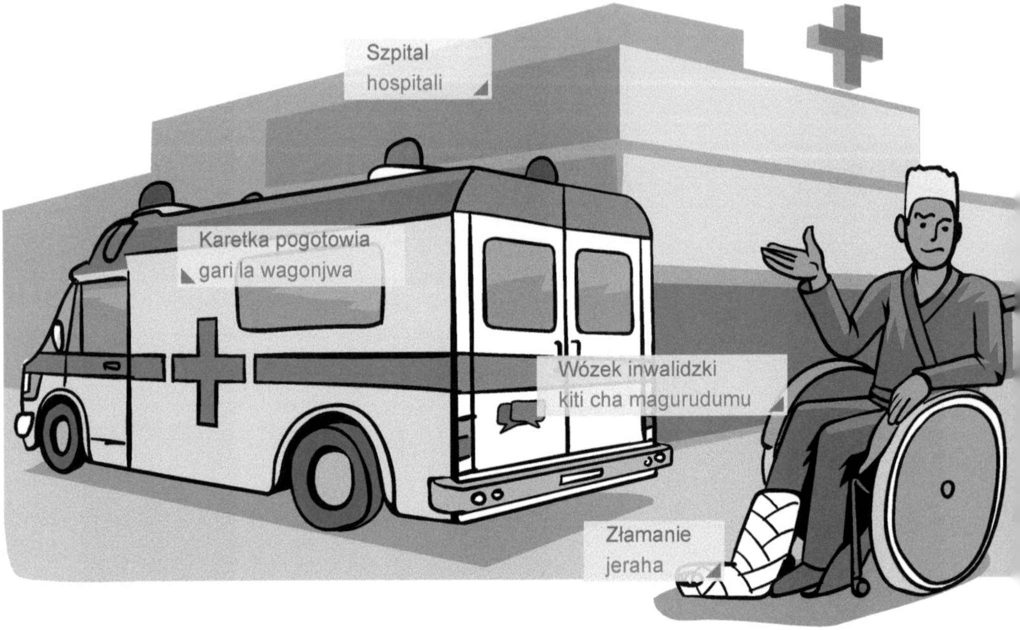

Szpital
hospitali
Karetka pogotowia
gari la wagonjwa
Wózek inwalidzki
kiti cha magurudumu
Złamanie
jeraha

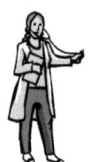

Lekarz

daktari

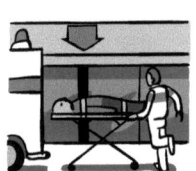

Izba przyjęć

chumba cha dharura

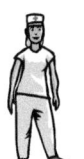

Pielęgniarka

muuguzi

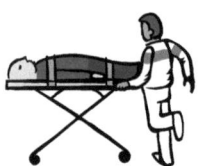

Nagły przypadek

dharura

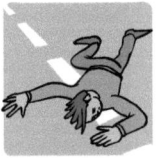

nieprzytomny

kupoteza fahamu

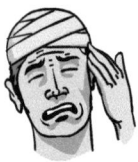

Ból

maumivu

Skaleczenie

kuumia

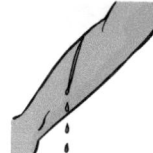

Krwawienie

kutokwa na damu

Zawał serca

mshtuko wa moyo

Udar mózgu

kiharusi

Alergia

mzio

Kaszleć

kikohozi

Gorączka

homa

Grypa

mafua

Biegunka

kuharisha

Ból głowy

maumivu ya kichwa

Rak

kansa

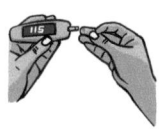

Cukrzyca

ugonjwa wa kisukari

Chirurg

daktari mpasuaji

Skalpel

kisu kidogo cha kupasulia

Operacja

operesheni

**CT**

picha changanufu ya mwili

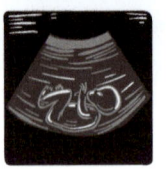

**Rentgen**

Eksrei

**Ultradźwięki**

mawimbi sauti

**Maska**

barakoa ya uso

**Choroba**

ugonjwa

**Poczekalnia**

chumba cha kusubiri

**Kula**

mkongojo

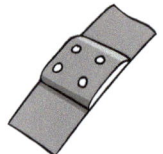

**Plaster**

plasta

**Opatrunek**

bendeji

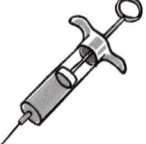

**Iniekcja**

sindano

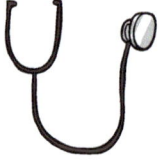

**Stetoskop**

stetoskopu

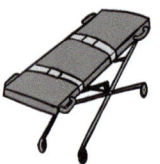

**Nosze**

machela

**Termometr**

kipimajoto cha kliniki

**Poród**

kuzaliwa

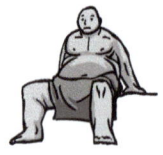

**Nadwaga**

unene kupita kiasi

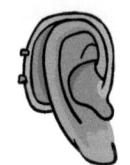

Aparat słuchowy

kusikia misaada

Środek dezynfekcyjny

kipukusi

Infekcja

maambukizi

Wirus

virusi

HIV / AIDS

VVU / UKIMWI

Medycyna

dawa

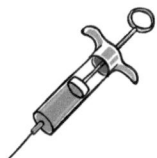

Szczepienie

chanjo

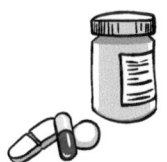

Tabletki

vidonge

Pigułka

kidonge

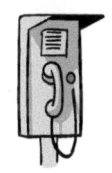

Telefon ratunkowy

simu ya dharura

Ciśnieniomierz krwi

haemodainamometa

chory / zdrowy

mgonjwa / mwenye afya

| | | |
|---|---|---|
| Pomocy! <br> Msaada! |  <br> Alarm <br> kengele |  <br> Napad <br> pigo |
|  <br> Atak <br> shambulizi |  <br> Niebezpieczeństwo <br> hatari |  <br> Wyjście awaryjne <br> lango la dharura |
|  <br> Pożar! <br> Moto! |  <br> Gaśnica <br> kizima moto |  <br> Wypadek <br> ajali |
|  <br> Walizeczka pierwszej pomocy <br> vifaa vya huduma ya kwanza |  <br> SOS <br> wito wa msaada |  <br> Policja <br> polisi |

Europa

Ulaya

Ameryka Północna

Amerika ya Kaskazini

Ameryka Południowa

Amerika ya Kusini

Afryka

Afrika

Azja

Asia

Australia

Australia

Atlantyk

Atlantiki

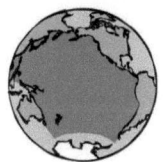

Pacyfik

Pasifiki

Ocean Indyjski

Bahari ya Hindi

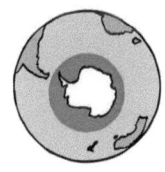

Ocean Antarktyczny

Bahari ya Antaktiki

Ocean Arktyczny

Bahari ya Aktiki

Biegun północny

Ncha ya Kaskazini

Biegun południowy
...............
Ncha ya Kusini

Antarktyda
...............
Antaktika

Ziemia
...............
dunia

Kraj
...............
nchi

Morze
...............
bahari

Wyspa
...............
kisiwa

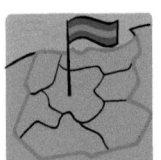

Naród
...............
taifa

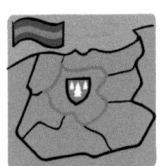

Państwo
...............
jimbo

Ziemia - dunia

Cyferblat

uso wa saa

Wskazówka godzinowa

akrabu ya saa

Wskazówka minutowa

akrabu ya dakika

Wskazówka sekundowa

akrabu ya sekunde

Która godzina?

Ni saa ngapi?

Dzień

siku

Czas

wakati

teraz

sasa

Zegarek digitalny

saa ya dijitali

Minuta

dakika

Godzina

saa

# Tydzień
## wiki

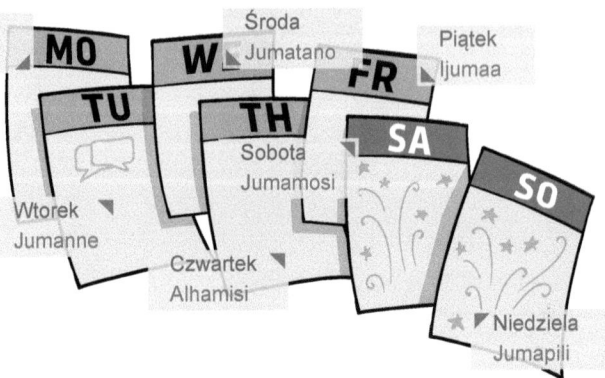

Poniedziałek
Jumatatu

Środa
Jumatano

Piątek
Ijumaa

Wtorek
Jumanne

Sobota
Jumamosi

Czwartek
Alhamisi

Niedziela
Jumapili

wczoraj

jana

dzisiaj

leo

jutro

kesho

Rano

asubuhi

Południe

saa sita mchana

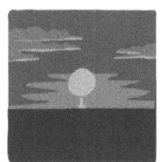

Wieczór

jioni

| MO | TU | WE | TH | FR | SA | SU |
|----|----|----|----|----|----|----|
| 1 | 2 | 3 | 4 | 5 | 6 | 7 |
| 8 | 9 | 10 | 11 | 12 | 13 | 14 |
| 15 | 16 | 17 | 18 | 19 | 20 | 21 |
| 22 | 23 | 24 | 25 | 26 | 27 | 28 |
| 29 | 30 | 31 | 1 | 2 | 3 | 4 |

Dni robocze

siku za biashara

| MO | TU | WE | TH | FR | SA | SU |
|----|----|----|----|----|----|----|
| 1 | 2 | 3 | 4 | 5 | 6 | 7 |
| 8 | 9 | 10 | 11 | 12 | 13 | 14 |
| 15 | 16 | 17 | 18 | 19 | 20 | 21 |
| 22 | 23 | 24 | 25 | 26 | 27 | 28 |
| 29 | 30 | 31 | 1 | 2 | 3 | 4 |

Weekend

mwishoni mwa wiki

# Rok
# mwaka

Deszcz
mvua
Tęcza
upinde wa mvua
Wiatr
upepo
Śnieg
theluji
Wiosna
majira ya machipuko
Jesień
vuli
Lato
kiangazi
Zima
majira ya baridi

4.APRIL 11°
5.APRIL 4°
6.APRIL 13°
7.APRIL 8°
8.APRIL 10°

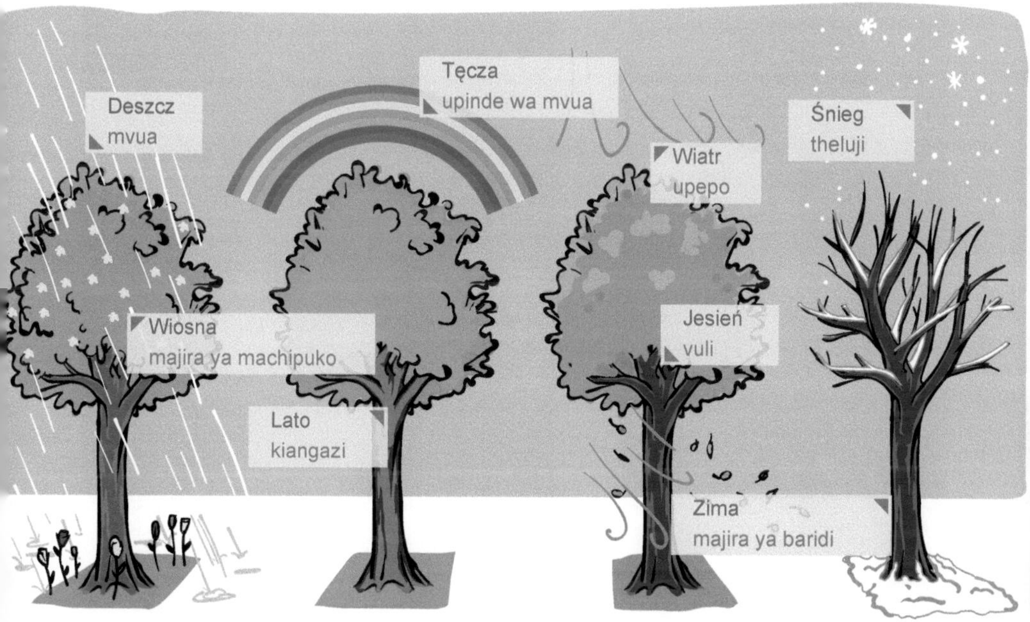

Prognoza pogody

utabiri wa hali ya hewa

F C
120 40
90 30
60 20
30 10
0 0
-30 -10
-20

Termometr

kipimajoto

Światło słoneczne

mwanga wa jua

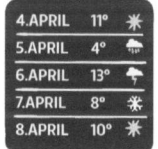

Chmura

wingu

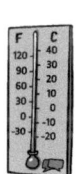

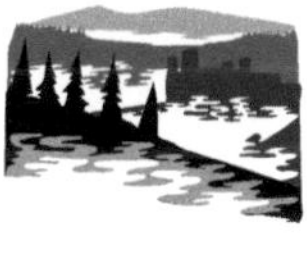

Mgła

ukungu

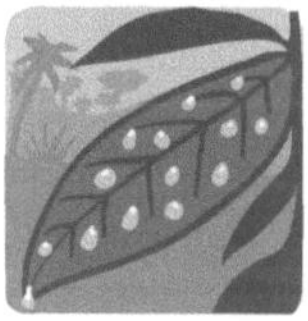

Wilgotność powietrza

unyevu

Błyskawica

umeme

Grzmot

radi

Sztorm

dhoruba

Grad

mvua ya mawe

Monsun

monsuni

Potop

mafuriko

Lód

barafu

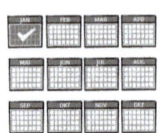

Styczeń

Januari

Luty

Februari

Marzec

Machi

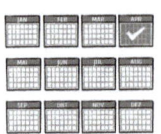

Kwiecień

Aprili

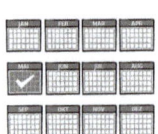

Maj

Mei

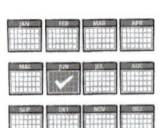

Czerwiec

Juni

Lipiec

Julai

Sierpień

Agosti

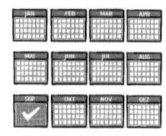

Wrzesień
....................
Septemba

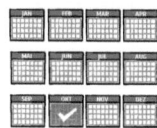

Październik
....................
Oktoba

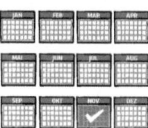

Listopad
....................
Novemba

Grudzień
....................
Desemba

## Kształty
## maumbo

Koło
....................
mduara

Kwadrat
....................
mraba

Prostokąt
....................
mstatili

Trójkąt
....................
pembetatu

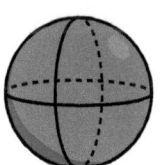

Kula
....................
nyanja

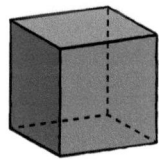

Sześcian
....................
mchemraba

biały
.................
nyeupe

żółty
.................
manjano

pomarańczowy
.................
chungwa

różowy
.................
rangi ya waridi

czerwony
.................
nyekundu

liliowy
.................
hudhurungi

niebieski
.................
bluu

zielony
.................
kijani

brązowy
.................
hanja

szary
.................
jivujivu

czarny
.................
nyeusi

dużo / mało

mengi / kidogo

wściekły / spokojny

hasira / pole

piękny / brzydki

nzuri / mbaya

początek / koniec

mwanzo / mwisho

duży / mały

kubwa / ndogo

jasny / ciemny

angavu / giza

brat / siostra

kaka / dada

czysty / brudny

safi / chafu

kompletny / niekompletny

kamilika / tokamilika

dzień / noc

siku / usiku

umarły / żywy

wafu / hai

szeroki / wąski

pana / nyembamba

jadalny / niejadalny

kulika / kutolika

zły / uprzejmy

ovu / ema

podniecony / znudzony

sisimkwa / udhika

gruby / chudy

nene / nyembamba

najpierw / na końcu

kwanza / mwisho

przyjaciel / wróg

rafiki / adui

pełen / pusty

jaa / tupu

twardy / miękki

ngumu / laini

ciężki / lekki

nzito / nyepesl

głód / pragnienie

njaa / kiu

chory / zdrowy

mgonjwa / mwenye afya

nielegalny / legalny

haramu / kisheria

inteligentny / głupi

akili / kijinga

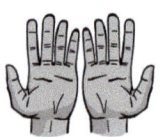

lewo / prawo

kushoto / kulia

bliski / daleki

karibu / mbali

nowy / używany

mpya / kutumika

nic / coś

kitu / jambo

stary / młody

zee / changa

włącz / wyłącz

waka / zima

otwarty / zamknięty

wazi / fungwa

cichy / głośny

utulivu / kelele

bogaty / biedny

tajiri / masikini

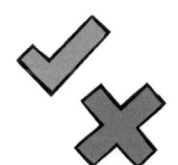

prawidłowy / błędny

sahihi / kosa

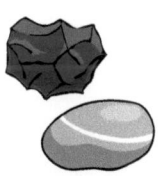

chropowaty / gładki

mbaya / laini

smutny / szczęśliwy

huzunika / furahia

krótki / długi

fupi /ndefu

powolny / szybki

polepole / haraka

mokry/suchy

nyevu / kavu

ciepły / chłodny

joto / baridi

wojna / pokój

vita / amani

# Liczby

## nambari

**0**

zero

sufuri

**1**

jeden

moja

**2**

dwa

mbili

**3**

trzy

tatu

**4**

cztery

nne

**5**

pięć

tano

**6**

sześć

sita

**7**

siedem

saba

**8**

osiem

nane

**9**

dziewięć

tisa

**10**

dziesięć

kumi

**11**

jedenaście

kumi na moja

**12**

dwanaście
................
kumi na mbili

**13**

trzynaście
................
kumi na tatu

**14**

czternaście
................
kumi na nne

**15**

piętnaście
................
kumi na tano

**16**

szesnaście
................
kumi na sita

**17**

siedemnaście
................
kumi na saba

**18**

osiemnaście
................
kumi na nane

**19**

dziewiętnaście
................
kumi na tisa

**20**

dwadzieścia
................
ishirini

**100**

sto
................
mia

**1.000**

tysiąc
................
elfu

**1.000.000**

milion
................
milioni

Angielski

Kiingereza

Angielski amerykański

Kiingereza cha Marekani

Chiński mandaryński

Kimandarini cha Uchina

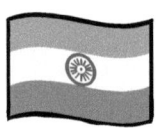

Hindi

Kihindi

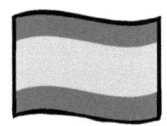

Hiszpański

Kihispania

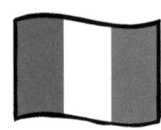

Francuski

Kifaransa

Arabski

Kiarabu

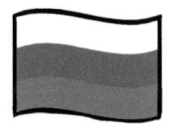

Rosyjski

Kirusi

Portugalski

Kireno

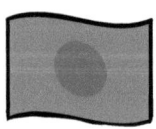

Bengalski

Kibengali

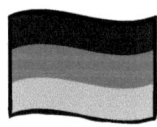

Niemiecki

Kijerumani

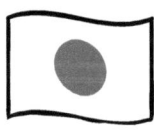

Japoński

Kijapani

ja

mimi

ty

wewe

on / ona / ono

yeye / yeye / ni

my

sisi

wy

wewe

oni

wao

kto?

nani?

co?

nini?

jak?

jinsi gani?

gdzie?

wapi?

kiedy?

lini?

Nazwisko

jina

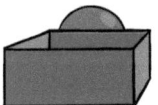

za
..............
nyuma

w
..............
katika

przed
..............
mbele ya

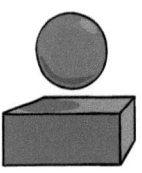

powyżej
..............
juu ya

na
..............
kwenye

pod
..............
chini ya

obok
..............
kando

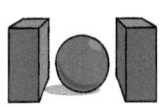

między
..............
kati

Miejsce
..............
mahali